U0789346

濟南金石志

卷四

濟陽至平原石

濟南金石志

卷四

濟陽仝平康石

濟南金石志卷四

金石四

濟陽

宋黃山谷石刻

舊通志云在濟陽縣東北二十里曲堤鎮

按此刻縣志不載今無考

金天會八年新修縣城記碑 文見藝文

邑人張穆仲撰文

金天眷元年創修縣衙記碑 文見藝文

邑人何弼撰文

金承安三年創建宣聖廟記碑 文見藝文

朝散大夫行太常寺騎都尉潁川縣開國男食邑三百戶賜紫金魚袋陳大舉撰承直郎行御史監察驍騎尉賜緋魚袋缺章篆額鄉貢進士張濟書丹

承安三年六月既望安東陳大舉記

山左金石志云碑稱邑自天會八年改置而地里志無改置始末齊乘云濟陽本漢朝陽唐宋之臨邑章邱地金初劉豫割章邱之標竿鎮及臨邑封圻之半置濟陽縣屬濟南是碑稱天會八年是爲太宗建元之庚戌明年劉豫始僭僞號阜昌元年蓋改置濟陽不由於豫于思容所記誤也

按此碑正書文及題銜凡二十三行在縣學內

元至元三年總管張公先德碑

濟南提舉學校官高詡撰文山東東路轉運使王博文篆額趙
文昌書丹
聖人垂立名教爲天下後世不易之大典者惟忠孝二事總百
行而先之故古者求忠臣於孝子之門謂君子之事親孝則忠
可移於君也吾今於總管張公見之矣公一日持先代行狀過
僕言曰炳立身起家析圭儋爵一出祖宗陰德所致願先生表
於堅珉照耀佳城使子孫相繼不忘孝思平生志也僕嘗與公
同忝漕幕從游有日不敢以不文辭勉爲次序按公之高曾歲
遠難述祖全業商賈交信亦不樂進取以財雄鄉里能出貲以
周不給有貧不能償者悉毀券以貸之壬辰兵亂歲凶計里民
口數多寡推食而食之賴以全活者甚眾配李氏呂氏舉三男

長曰炳字彥明卽總管也幼習儒尋改吏事由濟南府掾上計
燕京終始十年事無不辦上甚嘉之陞本府行省斷事歲會有
積年勾考未輸銀一十萬五千兩公曲折陳情於執政者免所
請民免其累邦人咸德之庚申改元中統百爲一新立中書省
凡該掾吏必擇諸路素有幹濟者任其事首以公委以邊防機
密事時方用兵戰備靡有闕遺遷右司提控管都督府外郎既
而忝知政事王公任山東東路廉訪轉運使索公爲經歷舉以
曹司委公又以金符付公懸帶鹺司屬變亂後器具人力掃蕩
殆盡公創立制度銳意規畫歲終考課爲天下最遷廉訪府忝
議總領運司兼權濟南益都濱棣三路諸運與會府事至元二
年授宣命金符充濟南路諸軍奥魯總管莅政之日惟以撫直

今且爲無務軍戶逃竄者聞公爲政平恕比比復業所謂古之遺愛者殆庶幾矣公之二弟其孝友略與公同古人有言忠孝萃於一門者我總管張公實有之矣故系以銘其詞曰

忠不忘君出於事親二者克全揚名立身昔人陰德後克陽報紹榮先業當思孝道赫赫我公素有古風茂膺官爵增光祖宗子孫繁多兄弟忠厚豐碑孔固天長地久

山左金石志云趙文昌無結銜而其書頗秀整可觀據至元十二年泰安修宣聖廟碑有長清尹趙文昌未知即其人否

按此碑正書二十五行在城東北張公墓上趙文昌字朗叔爲長清尹事詳宦蹟

元至元三年鎮撫秦公先德碑

高詡撰文李敬脩書并篆額

按此碑正書三十二行在秦公墓上

元至元二十三年張氏世德第二碑

胡祗遹撰文楊桓篆額曹賔書丹

山左金石志云案張總管先世墓有二碑其第一碑乃至元三年高詡撰此其二也名爲世德碑其實敘總管張炳之政蹟皆前碑所未備者其中如官鎮江路總管府達魯花赤辭疾還家買書八萬卷以萬卷送濟南府學供作養學者此一事即可以風世其他政蹟又無論已

按此碑正書二十七行在城東北張公墓上

元至元二十八年杜侯晝錦碑銘

大名路教授李師聖撰文

按杜溥字浩卿爲濟陽尹事詳宦蹟

元至元三十一年重修廟學記碑 記見藝文

楊文郁撰文趙孟頫篆書

山左金石志云楊文郁元史不爲立傳惟李謙所撰神道碑云文郁字從周濟陽人大德閒累官至翰林學士爲文有根據不崇華藻著有林下集此碑文體書格皆相稱也

按此碑正書二十九行在縣學內

元大德七年翰林學士楊公神道碑銘

翰林學士李謙撰文

按楊珪暨弟珍子文郁孫僖事並詳人物

元楊文安公祠堂碑

章邱張起巖撰文

按濟陽志云文郁字從周號損齋歷官翰林承旨封文安公事詳人物

元大德八年學田記碑

李謙撰劉敏中書楊文郁篆額

山左金石志云碑云聖上踐阼之初元以十四事詔天下其九曰學校之設云云攷元史成宗本紀自卽位以迄元貞元年不載詔書十四事惟於至元三十一年七月壬戌書詔中外崇奉孔子一語而已蓋史家之略也

按此碑正書二十三行在縣學內

元皇慶二年加封孔子制詞記碑

先皇帝始嗣位制加孔子號大成至聖文宣王頒示天下濟陽將勒石廟學其籌徐益典史張思敬介邑儒故內翰損齋楊公之子去疾暨教諭石光弼以鄙述見屬竊惟大成之義見於孟子之書朱子謂孔子集三聖之事爲一大聖之事如作樂者集衆音之小成爲一大成斯蓋大成之義也嗚呼大成之聖不可得而名矣聖人之道天道也可得而名乎哉雖然推而求之猶有說焉二帝三王之典三綱五常之要載諸書傳諸萬世者夫子可見之道也行之一身則一身治由一身而至於一家治小成而大成也行之一邑一郡則一邑一郡治由一邑一郡而至於天下治小成而大成也行之一世則一世治由一世而至於

萬世治小成而大成也然則大成之義庸有旣乎我國家列聖相承武威憺八紘文德洽六合京師盛辟雍之制闕里崇祠祀之禮登賢翊善黜佞夷慝皇風淸謐融融熙熙薄海內外學校林立然猶德音屢降綸旨迭出丁寧懇切未始不以興學奬士勵風教是急聖號之加也宇內抃舞改觀相慶咸知朝廷所以重道爲民之意噫奉朝廷之意使其治由小成至於大成豈非長民者之責歟濟陽邑齊魯閒禮義之俗號稱易治繼今以往可以覩武城之弦歌而應虞韶之九成也邑大夫勉之皇慶二年癸丑冬十有二月劉敏中記

按此碑正書上層制詞十七行下層記文二十三行在縣學內

元延祐三年賀公神道碑銘

濟陽志云趙孟頫書在縣西北六里撰名漫滅文亦半缺略

按賀延壽暨子祥孫復事竝詳人物

元後至元三年李氏先塋碑

張起巖撰文揭傒斯書丹楊僖篆額

山左金石志云起巖章邱人其結銜以史考之乃順帝嗣位之初遷翰林侍講學士知制誥兼修國史修三朝實錄加同知經筵事碑與史異者惟知經筵事不加同字耳揭傒斯史不稱其善書其書刻於山左者亦僅見此然書體秀整氣局展拓可與趙文敏相埒也結銜與史異者初授翰林國史院編修官在延祐初年繼遷翰林待制在元統初年史未言其仍兼國史編修也楊僖史無傳惟李謙撰楊文安公神道碑載子男三人次曰

僖疑卽其人也

按李成暨子聚孫惟恭事竝詳人物

元至正三年聞韶臺重修聖廟記碑

肅政廉訪使王士熙撰文張起巖篆額楊僖書丹

按此碑八分書文十四行在城東北曲隄鎭

元至正十三年文廟禮器記碑

囊加歹撰文楊洪基書丹并篆額

按此碑正書文二十行在縣學內

明洪武九年重建明倫堂記碑

知縣李子沖撰文

明萬歷三十五年楊烈婦殉夫碑銘

邑人任光撰文

按楊一忠妻蕭氏夫歿自經死事詳列女

明萬歷三十六年新建關帝廟記碑

邑人江騰蛟撰文

明萬歷三十六年侯令捐修墮石橋記碑

邑人杜熿撰文

明天啟四年李令捐修學倉積穀贍士記碑

邑人張文謹撰文

按李令名作乂盧氏人事詳宦蹟

明崇禎十三年創建葦濟橋記碑

邑令內黃樊吉人撰文

明崇禎十六年少廷尉王公墓誌銘

邑人邢其諫撰文

按王公名亘相字篤貞號瑆白爲大理寺左評事事詳人物

國朝順治六年重修四城記碑

知縣吉水解元才撰文

順治八年邑令解公德政碑

邑人艾元徵撰文

順治十年陳蒼屏先生墓表

邑人張甯岐撰文

按陳王政字蒼屏事詳人物

順治十七年重修廟學記碑
邑人艾元徵撰文
康熙六年重修廟學記碑
邑人邢其諫撰文
康熙十五年刑部尚書艾公墓表
邑人李霨撰文
按艾公名元徵號長人事詳人物
康熙二十四年重修學宮記碑
知縣天津李能白撰文
康熙五十六年重建大堂譙樓城樓倉廒記碑
知縣溧水司徒珍撰文
康熙六十年重建文廟鼎建學舍記碑
知縣司徒珍撰文
雍正三年邑令新開萬工河記碑
邑人李瑛撰文
雍正三年疏復哈叭溝記碑
邑人李瑛撰文
乾隆十二年王君修齡暨配墓誌銘
邑人吳壇撰文
按王君名槐年字修齡事詳人物
乾隆十三年續修廟學記碑
知縣寍都會廷翰撰文

乾隆二十七年移修奎星閣記碑記見藝文

提督學院歸安閔鶚元撰文

乾隆二十八年重修濼石西北二橋記碑

濟南知府王守震撰文

乾隆二十八年新建槐李溝石橋記碑

知縣臨桂胡德琳撰文

乾隆二十九年艾公丹亭暨配墓誌銘

德州朱弼撰文

按艾公名光紱字兆麟號丹亭事詳人物

乾隆二十九年濼石橋記碑

知縣胡德琳撰文

乾隆二十九年石門仲夫子廟記碑記見藝文

蜀人何明禮撰文

乾隆二十九年新開如意溝記碑

邑人高之璐撰文

禹城

宋蘇東坡枯木石刻

明邑人于棨記云熙寧十年東坡先生過濟南寫枯木一枝於檻泉亭之壁自書年月筆法遒勁枝幹虬結如龍翔鳳翥蓋一時精思神會渾然天成非世間畫工好手所能到元祐間亭主劉招模石未幾復流浪於別館禹城王國寶見之徙置於遠塵庵蓋大定二十九年也常山李彦文記之后又移於儒學大成殿之左壁永樂東狩先生濟南筆跡漂蕩無存獨禹城僅存此石往來求之者衆縣中小吏投其石於井碎爲數段歲餘學官發取碎石仍置原處吳大尹於原記之末附跋以紀其事正德辛巳羅山張大尹命工翻諸木板有老教讀者中添二枝以補其缺視石刻較全而精神衰颯不及原筆遠矣嘉靖甲午閩人教諭王某貪昧無知遂將先生原筆併朱文公字刻及名筆數種移出大門之外時值修造碎爲柱礎識者追救已無及矣

宋朱文公耕雲釣月石刻

耕雲釣月 正書二行字徑一尺下有晦菴二小字

宋朱子書耕雲釣月二字甚遒美于鳳昔得其書於易水學宮成化丁未來知禹城縣事越明年宏治戊申命工入王祐重鐫諸石冀垂於不朽濟南府知禹城縣事古鄞荆文立

按此碑正書跋六行在縣學內

元至元二十六年重修縣廨記碑

維禹城域於朔南衝要之會號爲名區其間休養生息之久旣

庶且富凡興墜起廢之事以次而舉獨聽政之所寓舊廨之東因陋就簡褻瀆不威甚無謂也監縣脫歡察屢徹作新以多故未遑至元乙酉北平張深甫仲淵來爲縣尹亦以官府陵夷爲病二公議合乃於政務之暇卽故區而荒度之經始之際强有力者多佽助爲越明年告成公堂吏廨位序如式宏倣崇麗雄視他邑而精確緻密往往曲盡其善皆縣尹心計手授之爲也與吏陸元佐其下風事以徐圖而不怨於素耽耽翼翼有儼其臨大縣精彩爲之一變余之先世實爲邑人比歛衽過之迺顧廼贈載喜載驚一時耆彥察余意之有在也因倡校主者懇余不腆之文以識歲月夫營廨常事耳法亦當書聊竊謂百里之壤萬家之邑爲之首領者人之冠冕國之陛級於是乎在尊

其位所以尊朝廷也其可苟哉而况土木之功雖以佚道使民亦先王之所重君子之所謹者揭而書之固不爲無據矣且監縣世臣也能以喬木自擬而無一切苟完之爲縣尹命大夫也不以及瓜自足而有一日加葺之舉二公之美彰彰在人獨不可以附書乎雖然夏屋渠渠軀幹之壯偉也君子陽陽神智之精明也彼山嶽江湖之大得不以虎豹蛟龍而爲形勢之重耶監縣乃開國元勳忒上哥兒之諸孫爲人忠勇明濟能世其家云

至元二十六年六月既望大名路儒學教授李師聖記

元至元二十九年擊壤亭記石刻 記見藝文

國子監丞中山滕安止記

元至大四年重修夫子廟堂記碑記見藝文

曹州禹城縣儒學教諭歷山張世敬記并書

按此碑正書文十七行前後題名六行在縣學內

明天順四年重修文廟記碑

教授吉水彭徵撰文推官鴈門齊會書丹

按此碑正書文十三行前後題名十二行在縣學內

明嘉靖四十三年科第歲貢題名記碑記見藝文

齊東知縣禹城學教王朝璽撰文邑人于渠題額

明嘉靖四十五年重修上帝廟記碑

鄉進士鳳岡楊堪撰文鄉進士柱石劉中立篆額清修居士進齋馬登峯書丹

明萬歷六年重修文廟記碑

工科給事中邑人劉中立撰文陵縣教諭昆陽宣敬甫篆額禹城教諭南鄭李晨書丹

按此碑正書文十四行前後題名六行在縣學內

明萬歷七年修外泮記碑

知縣延安蕭文璧撰文

明萬歷七年重修城隍廟記碑

臨汾知縣邑人劉全撰文庠生曹宏書丹庠生于夢鶴篆額

按此碑正書文十四行前後題名九行在城隍廟內

明萬歷八年野井新亭記碑

邑人于檗撰文

明萬歷十一年學田記碑

布政司叅政邑人劉中立撰文

明萬歷二十九年大佛寺施茶煮粥題名記碑

三科武舉于夢說撰文

明萬歷三十二年重修興泉寺記碑

邑人主事孫延長撰文

明萬歷三十八年三賢祠記碑

翰林編修渤海王家植撰文

惟天祐民惟民安止樂所自生反所自始國有秩祀邦有典刑伏臘畢里視茲豆登作三賢碑

金曹州濟陰令馬驤登進士貞祐三年爲令四月元兵下曹驤爲軍卒所執榜之責贖金驤曰書生安所得多金又責之非禮驤曰死即死猶爲大金鬼安所得奴顔婢膝以倖旦夕活卒不一屈膝而死事聞贈朝列大夫泰定軍節度副使樹石於曹以時祭之後三百餘年而高別駕以孝廉聞

明陝西平涼府通判高守正以正德十一年鄉舉署南陽學徙國子學正留都守正誘人有法兩地多成立卒倍曩時兩地士戀之如慈母祭酒湛文簡若水署上考得陝別駕守正居涼數月以不得溫凊爲念棄官去囊中無長物僦居以居鄰里有問之者距不受時時爲童子師以束脩養親居喪哀毀幾絕者數矣先是流賊陷邑感守正獨守父病不忍害卒之日飯含不具學使者梅守德檄以十金歛之萬歷間部使者表其門爲孝子

聲德坊又四十餘年而劉憲使以節孝聞

陝西按察司按察使劉中立以隆慶五年張元抃榜進士授中書舍人選工科給吏中進佐禮兵是時師相以嚴急治而中立復所舉士時時思羅之幕中聞以所不悅者一二人風中立疏之中立謝不應而更露章其素昵少司馬貪劣狀嗣以不劾河南治驛使者愈失師相心外徙商洛叅議進河東叅政總憲關中聞封公訃亟歸觸棺大慟哀毀死中立坦洞謙挹平居無疾言厲色至臨大節侃侃不可動嘗兩却夜金終不爲人言至貴顯率徒步里中與徵時諸長老游聽事數椽僅蔽風雨然性不受人憐而能賙人急最不喜爲人居間而好稱說里中利病以冀興罷之效死之日邑爲罷市論者比之楊震劉寬爲未盡云

史植曰祝阿三賢其一令其一廣文先生郡倅貳耳卽劉稍振僅僅臯大夫不敢望京朝官別駕之後不顯濟陰且異代落長譜牒蕩然獨憲使之子爲太史然其祀當太史孝廉時祀不以大史遠者三百年近者三十年或十餘年乃舉祀此邑人之心也死忠死孝三賢不朽之心邑人見之謂三賢而有知也來格也吾終以邑人之心必之天矣

按此碑文二十行前後題名年月共五行兹節錄如右

明萬歷四十二年新置學田記碑

都給事中邑人楊雲鵬撰文

明天啟四年重修禹王廟記碑

邑舉人邵周達撰文舉人海應撓篆額

國朝順治三年重修城隍廟記碑

狀元聊城傅以漸撰文刑部員外邑人韓養醇篆額

按此碑正書文十行前後題名九行在城隍廟內

乾隆十五年北鄉順水土河記碑

知縣青田韓錫祚撰文

乾隆十五年西鄉韓家砦小簡河記碑記見藝文

知縣韓錫祚撰文邑舉人金爾貴書丹

乾隆十六年東鄉東趨河記碑

知縣韓錫祚撰文

乾隆十六年不忍渠記碑

知縣韓錫祚撰文

乾隆十七年東鄉辛寨南北二河記碑

知縣韓錫祚撰文

乾隆六十年三元宮義學并置義田記碑

教諭菏澤王奇撰文

嘉慶十二年新建漯川義學并置義田記碑記見藝文

新城舉人張象津撰文教諭王奇書丹

魏洮州刺史劉偕碑

臨邑志云水經注云在北漯陰城今無攷

唐大歷二年夫子廟堂記碑 記見藝文

駕部郎中程浩撰文

書大元歲次 缺 季春 下缺

元末頹壓明嘉靖乙酉致仕官王欒重建匠宋頊閻德等刋

金石萃編云此碑文載唐文粹大歷二年駕部郎中程浩撰而武部員外郎瑯邪顏眞卿書都官郎中東海徐浩篆額者也程浩無傳可考文云浩自帝鄉薄遊鳳翔則此文專爲扶風縣之文宣王廟而作魯公不應書之於湖州此夢英之誤記也

臨邑志云碑在今濟陽縣孫耿鎮按此記本刻在扶風縣文苑英華唐文粹載浩此記俱題作鳳翔府文宣王新廟記時以碑爲顏魯公所書故删去扶風古縣以下一段所在摹刻則此碑亦當刻自唐人手也

按此碑正書十二行題名年月二行額題創修宣聖廟碑正書六字平列此碑濟陽志不載故依臨邑志錄之

唐大中十四年尊勝陁羅尼經石刻

彭城郡清信弟子劉方佐肇立

康熙十年犁邱清信弟子李義等重修

山左金石志云石幢文漫滅並無年月府志載臨邑彌陁寺有唐人石幢咸通四年刻遂據之冠於咸通前

臨邑志云按大中祇十三年十四年卽咸通元年蓋後重刻之誤

唐咸通四年尊勝陁羅寶幢記刻

尊勝陁之眞言是如來心中之法印也能伏羣魔能除諸惡能愈四苦能消闔厄我皇唐感西域金人之眞言大流東方則天之御大器也於儀鳳二年罽賓國沙門僧佛陁波利取此經來至於五臺僧來屆此便知此山佛戒之後衆聖潛靈大聖文殊寓跡於此山靈地聖喜躍難勝因傳金言經付中國持念之士靈驗尤多人受七寶之身宜將百福裝飾此方信士心契佛乘雖造有爲常修梵行知寶幢之絕想茫滅身心覺金字之眞言離諸纏縛以是不踰數月功德爰成上答皇王照臨雲雨之恩

次答上書綏撫字毓之惠荷使名春霖是潤圓月當軒彌息奸豪恩波大布具官清儉驚時貞明貫古蟾光流素水月相鮮恩洽大同風光交映兵馬使學貫九流武穿七札高指梅之智掩沈沙之謀少府經學奮身蓬瀛是宅初臨禍於昌邑終冀效於秉鈞院主五師子堅持淨行嚴固法身戒月清明秋光迴徹邑內諸清信士等確乎靜寂棲息清涼旣無對業之因永保無疚之祐于時咸通四年歲在癸未六月壬辰朔三日申寅河南府鄉貢進士五經張挾記

臨邑志云右彌陁寺香幢一座高二丈許上截刻尊勝經題唐大中十四年立下刻張挾記邢太僕稱其文沿六代駢語差解人頤其修葺上蕆亦一巨觀康熙間邑人李義宋王賓等磨去

分隸爲二一仍刻尊勝經一刻宋王賓記而千年神物幾存之
想像時日會經其地輒爲憮惜無已

宋治平四年金剛經石刻

齊州興德軍臨邑縣舊孫耿鎮慧日院維那頭劉順等共施金
剛經香幢一座永充供養
治平四年歲次戊申正月建寅朔日庚戌十有二日辛酉建立
按此刻正書八面在孫耿鎮慧日院內

宋崇寧元年新修縣學記碑 記見藝文

建安吳履夫記彭城劉覺書丹并題額平陽解嶽之立石
按此碑正書文十二行題名五行在縣學內

宋大觀元年八行詔旨碑 文詳章邱

按此碑正書詔旨二十行題名年月八行在縣學內

元至元十二年重修廟學記碑 記見藝文

河間路學政高陽苑芝謹記學錄陳革書丹并篆額
按此碑正書文二十六行題名年月七行在縣學內

元至元十三年縣尹田公德政碑

前東平府學正監臨邑縣酒醋稅杜澤撰濟南府學教諭王彥
允篆額本郡楊芝實書丹
主上即位之五年歲在甲子改元至元初用漢唐之制遷調諸
道官吏以縣令之最爲近民也乃立考績之法視五事爲陞降
仍以令爲尹爲由是其選稍重然任是職者例出土豪世襲之
家豈朝廷更化馴致其道理當然也癸酉之春燕豪傑田壽仲

仁祖以才選來尹茲邑莅事之日所部振肅綱紀法度截然一
新公爲人廉幹雄偉音吐洪亮左右聳畏莫敢仰視凡發號施
令皆出於承流宣化履道奉公有犯必懲毫髮不貸也數月之
間豪猾縮頸盜賊屏息庭無留訟曹無滯案公論所在直道而
行雖總轄之司巡按之使亦未嘗曲徇苟合以自貶也事有不
便于民者具利害情僞申請再三必期改正而後已公有心計
處事周密凡營繕備峙和糴和買之類必爲之均節計料間名
而給直使漁之弊無自而夜先是防廣之在縣境者往往冒據
膏腴之地墾其外而蕪其中以牧馬供軍爲名因連阡陌廢而
不治前政務爲撫摩編民病之而莫敢校也公方謀所以革之
者會朝廷遣官偏歷檢覈於是遵奉詔條極力窮詰凡得田二

十餘萬畝有奇悉歸于民衆皆受賜歡聲如雷本道監司大奇
之旁近羣縣事有不法者多委公就鞫焉公願出己俸增新文
廟創建講堂一區且給田六頃以爲贍學悠久之計縣廨素淺
陋褻瀆不威公爲之增築門屏位置高敞視他邑爲不侔矣公
尤閑騎射往年爲闕下所辟奉使高麗先聲所及殊俗震駭一
日值猛虎拒之而不傷者幸也況勠力而反殺之亦爲男子之
勇事也所過山海島嶼宮闕之所親作畫圖了無遺失識者以
將略許之雅有巧思嘗獻渡江之策以革傚爲戰艦方廣丈餘
浮於水面可以濟渡置之兩輪可以運載於道路寓於陸地可
以止宿軍旅卷而束之可用一馬負之而行平生粗涉經史善
與士人游晚學作詩語意便不凡若夙昔在文字間者蓋入能

品墨竹墨梅殆天機所到縣治舊有綵輿迎致寶書公自以己意創製刻鏤精緻幽盡其妙商相之子台輔爲作記文龕諸公堂之壁大匠過之靡不嗟賞爲性豪爽有風槩氣出萬夫之上善惡著自不事姑息然以仁心爲質亦要其終而後見也異政告成瓜期在邇闔境耆老豪望惜其將去踵門而來告曰宰公人品雖異名重一時可謂良吏者也借寇之舉度不可以請於朝也刻石頌德厥有舊章吾子宜無讓也既辭謝不獲乃掇其大章章者著之且以去思之頌系焉頌曰

於惟宰公萬夫之雄凜凜如秋霜穆穆如春風莅政之初杼軸其空報政之後倉箱其充昔也皇皇重門擊柝今也陽陽外户不鑰愷悌君子民之父母亟宓之治公則兼有桓桓我公維熊維羆

干城之具公諭彼推屈牛刀之用乃一縣之屑爲快驥足之展詎百里之所羈瓜代有期予將疇依公不我留我心傷悲不我遐棄我心則夷建公之祠樹公之碑勒我頌詩俾民歌之舊尹之政新尹之師史筆有例尚攷於茲故雖犂邱之遺愛豈以一言而敢私也耶

至元十三年歲次丙子三月日立石

按此碑正書文三十一行題名年月五行在土地祠内十三年縣志作三年誤田公事蹟宦蹟較略茲全録其文於右

元至元二十三年重修清涼禪院碑

野衲道昕撰并書丹篆額

至元二十三禩仲春下澣有二日住持比邱僧法曇立石

按此碑正書文二十四行在縣南二十里孝廉鄉清涼寺內

元至元二十六年臨邑丞趙府君墓表

東平進士李之紹撰承德郎都漕運副使馬之貞篆額徵事郎平陰縣尹兼管諸軍奥魯兼勸農事趙智書丹

府君沒世之四十年嗣子濟南阜昌庫使信謂其子平陰主簿讓曰惟吾家累世業耀逮吾父始大至平居官行己其嘉言善政類皆可傳汝其爲吾乞言於當世君子以表墓道於是主簿具其始末踵門以請牢讓不獲已乃爲次第之按府君諱顯世爲臨邑人家故以財雄鄉里間既壯値金季版蕩河朔莽爲盜區遺黎惴惴不克自保例多團結以禦侵害府君爲邑人所推乃散儲蓄以聚衆衆皆樂歸出權略以禦寇寇不敢犯賴以全

活者不下數千百人迨于國朝撫定大帥答剌罕承制封拜一見愛其誠慤才武錄置麾下未幾檄爲本縣丞時喪亂之餘披荆棘拾瓦礫以立官署府君恭以奉上廉以律己其撫民也仁其御吏也威法度未立思所以立之流散未復思所以復之至於賦斂獄訟皆得其平不旬月而境內大治瘡痍者復起逃亡者畢歸熙熙焉怡怡焉殆若承平之舊秩滿即謝仕不出種蒔松菊酣適于酒務盡閑居之樂或時出入里巷退然不以故將自居人人能得其歡心如是凡十年以疾歿辛亥夏四月十九日考終命于私第之正寢歸窆宅于孝廉鄉之先塋君先娶柳氏有子二人曰信曰成後娶王氏有子三人曰進曰忠曾爲山河巡檢曰宣曾充帥府奏事曰信即阜昌君也勤儉以承家詩

書以教子時命未融仕至管庫而止孫男十五人日辭曰仁並爲行省宣使曰讓即主簿君也年少氣銳奏事循被南行省掾屬出佐劇縣累著佳政其諸孫昆季林林玉立咸策名仕籍不待識而可知也

至元己丑年月日嗣子濟南阜昌庫使趙信立石

按此碑臨邑舊志不載臨邑新志人物宦蹟亦無趙顯事跡今節錄於此以補二志之缺

元大德四年重建廟學記碑

儒學教諭趙從智謹記并書

按此碑正書文二十四行題名六行在縣學內又按碑陰云大德元年爲始至十一年三月十四月立又有子略誌贊并古耿近教先生李天澤贊語在題名之前

元大德六年縣尹李君遺愛記碑

從仕郎汴梁路前中牟縣尹李好謙撰河閒路臨邑縣教諭趙從智書河閒路獻州學正陳仲復篆

大德六年二月望日前典史張偉等立石

按此碑正書文二十二行題名四行在土地祠內李君名載字從善廣川人事詳宦蹟

元延祐六年加封孔子制詞記碑　記見藝文

河閒路臨邑縣奉建加號孔子大成碑記勑可授德州儒學教授殷溪於商隱書丹并篆額將仕郎陝西等處行中書省儒學提舉曹質述

延祐六年己未首夏吉日立石臨山琢玉賈用等刋

按此碑正書上層銘記十六行下層記文二十七行在縣學內

元至正三年苗氏宗派圖石刻

進士犁邱張俊德撰

至正癸未年孟夏月中旬癸丑日八世孫遵禮士傑立

按此碑正書上層記文下層支派在城東苗公墓上

明洪武二年城隍顯佑伯誥命碑 文見藝文

知縣廬陵歐陽簡書

按此碑正書文十五行題名一行在城隍廟內

明洪武三年城隍誥命碑陰記刻 記見藝文

知縣歐陽簡撰并書篆額

按此碑正書上層文十九行下層題名十七行在城隍廟內

明宏治十五年勑封顯佑伯城隍靈應記碑

致仕邢臺廣昌懷遠三庠仕邑人郭儉撰并篆額庠生孫穟書丹

按此碑正書文二十行題名二行在城隍廟內

明宏治十六年重修縣署記碑 記見藝文

國學鄉貢進士江夏劉綬撰文刑科給事中武陵楊褫書丹提督山西學校副使南陽王鴻儒題額

按此碑正書文二十行在縣學內

明宏治十七年重修縣治記碑

知縣潁川張守孝重修鄉貢進士邑人宋表撰文郭僉篆額

按此碑正書十五行題名年月八行在土地祠內

明正德十年重修彌陀寺記碑

江西九江知府邑人張璡撰文山西岢嵐知州邑人邢玫篆額

河南輝縣知縣邑人李琮書丹

明正德十一年桂井碑

臨邑儒學桂井正德丙子秋菊月吉旦立

按此碑正書桂井字徑尺餘在文廟街口

明正德十六年修興國寺記碑

保定府蠡縣教諭邑人宋表撰文并篆額

按此碑正書文十三行題名十一行在寺內

明嘉靖二年聖賢贊碑贊詳歷城

巡撫山東都察院右副都御史廬陵陳鳳梧謹贊

按此碑正書在縣學內

明嘉靖五年重修儒學記碑

刑科給事中邑人李錫撰戶部主事邑人李錄書篆知臨邑縣事和順畢世隆立

按此碑正書十三行題名五行在縣學內

明嘉靖五年敬一箴石刻箴詳歷城

世宗御製御書

明嘉靖六年宋儒五箴石刻

世宗注釋

明嘉靖八年邑令邢公去思記碑
刑科都給事中邑人李錫撰戶部主事邑人李錄書戶部觀政
邑人邢如默篆
按此碑正書文十四行題名五行在縣學內邢公名第長垣
人事詳宦蹟

明嘉靖十三年重修碧霞行祠記碑
知臨邑縣事祥符蘇漢等立
按此碑正書上層文十三行下層題名二十三行在祠內

明嘉靖二十七年科甲題名記碑
知縣江南汪九思等立生員楊景書丹

明嘉靖二十七年新廣學後地址記碑
教諭金城葛永泰撰訓導獻縣唐崑書丹

按此碑正書十六行題名三行在縣學內

明嘉靖二十七年儒學歲貢題名碑
知縣汪九思等立嘉靖三十九年教諭湛東周珊等重立生員
楊素書
按此碑正書十九行在縣學內

明嘉靖三十九年重刻邑令陳公去思碑
知臨邑縣事陝西王丞壽立石
臨邑志云按碑爲邑人管懷理撰邢化正書舊在縣儀門前乾
隆五十一年爲魏令磨去刻他文今據犁臺文獻錄補入
按陳公名疇湖廣人景泰間由縣丞陞任知縣事詳宦蹟

明嘉靖四十二年倘義世家重修儒學記碑

鄉貢進士邑人馬庭者撰鄉貢進士馬庭荊書篆

按此碑正書十四行題名年月六行在縣學內

明隆慶四年重修華嚴寺記碑

武清教諭宋文階撰文

按此碑正書十五行在寺內

明隆慶五年為出巡事記碑

新官到任應動里甲供應銀兩事件

按此刻正書十二行在土地祠內縣志失載

明萬歷四年戒珠禪寺藏經堂記碑

知南宮縣事邑人邢侗譔并書

按此刻正書文十行題名年月二行在寺內

明萬歷五年太山進香會記碑

山人林子訖庠生李芳書

按此碑正書文十七行題名四行在泰山行宮內縣志未載

明萬歷九年泰山別廟紀勝記碑

致仕官與石山人馬遷撰王燁書丹

按此碑正書文十三行題名二行在泰山行宮內

明萬歷十二年指南二大字碑

守東山人王來翰書

順治八年十月朔旦教諭劉世儒移立於此

臨邑志云正書字徑尺餘舊在縣署今移立學宮

明萬歷十七年修華嚴寺殿臺記碑

陝西苑馬寺卿邑人邢侗撰山西按察司僉事邑人李汝相篆

邑武舉生吳遵義書丹

明萬歷十八年都諫北原邢公如黙合棗鄉賢公移石刻

東昌府通判管臨邑縣事劉承忠等立

按此碑正書在鄉賢祠內

明萬歷十七年分守濟南府右參政盂陵呂公德政碑

陝西太僕寺少卿邑人邢侗撰文陝西按察副使邑人王再聘

書丹山西按察僉事邑人李汝相篆額

按此碑正書二十三行前後題名年月七行在西門外玉皇

廟內

明萬歷十八年李大家碑

邢大姊者侗女兄也弟侗撰并書篆

按此碑正書在城東李氏墓前

明萬歷十九年創置學田記碑 記見藝文

儒學教諭東萊孫登雲撰

按此碑正書文十七行題名年月十行在縣學內

明萬歷二十四年重修眞武廟記碑

陝西行太僕寺少卿邢侗撰文隰州同知李恕書并篆額

按此碑正書文十三行題名年月六行在宿安鎮

明萬歷二十五年碧霞宮建醮記碑

領衆會首宋好問等立

明萬歷二十五年來禽館石刻

王右軍像贊

吾有七兒一女皆同生婚娶以畢惟一小者尚未婚耳過此一婚便得至彼今內外孫有十六人足慰目前足下情至委曲故具示　子昂臨

身親亭亭元靈引氣恬淡精華尺宅可治法海四達觔骨血脈落落至虛千年反魄童子服失丹樓俠日道士仙人忽入我室遺像在圖俳佪瞻佇染跡猶龍永無湼滓萬歷二十五年五月六日濟南邢侗讚上樂石

趙子昂畫竹

開軒蔟竹杪坐久聞清韻重雲結春陰小雨生衣潤親友有佳集笑語發真蘊游衍暮始還流光疾如瞬至大三年正月三日

完

子昂

湖州之竹眞而不妙彭城之竹妙而不眞湖州疎疎密密彭城不密而疎二君直氣凜凜是以筆底勁多和少森然劍戟瑣窗猗儺無有也子昂此幅于至和處見筆至密處見墨未嘗不勁未嘗不疎所謂瑤臺緩步羅綺驕春或足擬之來禽主人邢侗手題

穀城師輦至黃花六十色色俱足僕報以家釀雪酒廿盛

子愿先生墨跡不數見此書乃徐樹人所藏雙鈎寄余竝屬勒諸貞珉俾垂久遠爲書數語以誌緣起上杭莫樹椿題

按以上石刻三種右軍贊在來禽館子昂竹在宿安貢花書

亦往來禽館內因類及之

邢太僕來禽館帖

臨邑志云來禽館有澄清堂帖蘭亭敘褉河南褉帖王大令宋搨本趙松雪本索靖出師頌唐人雙鉤十七帖黃庭經李伯時西園雅集記之室集帖芝蘭室蘭亭敘芝蘭非非草竝在宿安祠內

邢子愿瑞露館帖七卷

臨邑志云瑞露館有千字文一卷行押尺牘五卷諸跋語一卷竝大司馬王涵仲刻今其石歸樂陵潘氏

明萬歷二十六年重修興國寺佛殿記碑

邑人邢侗撰文許用敬書丹

明萬歷三十年重修大興寺碑

邑人邢侗撰文逸民許用敬書丹

明萬歷三十四年犁邱莊惠先生邢如約祠堂記碑

浙江按察使吳郡通家子馮時可撰文晉陵通家子王穉登集晉王羲之書

按此碑行書二十六行在宿安鎮祠堂內

明萬歷三十四年宿安店新建白衣菩薩庵記碑

翰林院檢討邑人張光裕撰文許用敬書丹

明萬歷三十六年重修城隍廟記碑

皋人李生秀譔記襄城主簿菅允篆額李恕書丹

明萬歷三十七年德府令旨碑

承奉司爲傳奉事欽奉令旨覽啟鄉官李恕菅允所啟善事當爲既云葢造欠銀特施銀五十兩以資其工承奉司傳他知道

敬此

按此刻正書十六行在泰山行宫内

明萬歷三十九年碧霞宫建醮記碑

同知李恕齋沐書宋養明勒石

明萬歷四十三年碧霞宫善會題名記碑

舉人李生秀譔文太學生許藎書丹

明萬歷四十三年少叅李公潞守王公崇祀鄉賢記碑

陝西左布政使邑人李薇猷譔文山西右布政使武定州馬拯書丹陝西按察副使德平季東魯篆額

按此碑正書文十五行題名年月十一行在鄉賢祠内

明萬歷四十三年潞安知府王公三遷崇祀鄉賢祠記碑

翰林院庶吉士姜逢元撰文户科給事中商周祚篆額尚寶司少卿范可慢書丹

按此碑正書文十六行題名年月七行在鄉賢祠内

明萬歷四十三年潞安知府紹庭王公舉鄉賢公移石刻

知臨邑縣事周士元等立

按此刻正書文十四行題名年月五行在鄉賢祠内

明萬歷四十四年潞安知府王公崇祀鄉賢祠記碑

吏部郎中趙南星撰文江西布政司叅政劉敬篆額禮部郎中孫元奇書丹

按此碑正書文十五行題名年月八行在鄉賢祠內

明萬歷四十五年三賢崇祀記碑

刑科給事中周之綱撰文御史朱堦篆額工部員外余廷吉書丹

按此碑正書文十八行題名年月八行在鄉賢祠內

明天啟四年察院禁示碑

公館鋪墊等物俱係官銀置辦等事共三條

按此碑正書九行在土地祠內縣志失載

明天啟五年重建泰山行宮記碑

邑人李嶶猷撰張應德書

按此碑正書文十三行題名年月十七行在泰山行宮內

明崇禎七年遊廟會記碑

邑人李嶶猷撰文劉祚昌書

按此碑正書文十一行題名五行在十王殿前

明崇禎十年永禁差徭碑

巡撫顏劄付徵收錢糧以甲屬里以里催甲刻石永遵

按此碑正書十行在土地祠內

明崇禎十四年重修泰山行宮記碑

庠生邢師孔撰文董郁書

按此碑正書文十行題名年月七行在泰山行宮內

國朝順治十一年賦役則例碑

督撫軍門耿爲勒定賦役則例以杜私派等事

按此碑正書十三行在縣前縣志失載

順治十五年泰山行宮創修鐘庫二樓記碑

邑廩生許鼎題

康熙十年重修彌陁寺石幢記碑

邑庠生朱賓撰併書

按此刻正書八面文五面每面四行題名三面每面八九十行不等在寺內

康熙十年重修元帝廟記碑

貢士邢珍等立

按此碑正書文五行題名年月十五行在廟內

康熙十三年重建賢聖寺記碑

刑部尚書濟濱艾元徵撰邑人王河圖書丹

按此碑正書文十六行題名二行在寺內

康熙十八年三清妙法記碑

知臨邑縣事鄭雍等立

按此碑正書文四行題名年月十五行後有還陽風人李獨秀鄭青天讚八行在泰山行宮內

康熙二十七年重修城隍廟記碑 記見藝文

知縣海昌陳齊永撰文

按此碑行書文六層每層十行題名年月六行在廟內

康熙四十一年重修泰山行宮記碑

邑庠生李臺方撰唐信行書

按此碑正書文十一行題名二行又有湧出甘泉古代流傳八字在廟內

康熙四十七年重修文廟記碑

提督學政翰林院編修趙申季撰生員王廷輔書丹

按此碑正書文十四行題名年月六行在縣學內

康熙五十七年馮于二井莊申公祠記碑

三岔河岸沖決東口水流泛濫河東三十官莊受水患三十餘年經濟東道申公率領濟南衛守備勘明捐俸疏濬趙牛河水有歸宿由徒駭而入東海又捐修三岔口河東堤岸自此永無水患小民無以仰報因修盖祠堂立碑建醮以祝無疆之福

按此碑縣志未載申公名大成江都人詳秩官

康熙五十九年重修縣署記碑

知縣魏壯立

按此碑正書十行題名年月四行在縣署內縣志未載

雍正二年清理驛站碑

知縣魏壯勒石

按此碑正書文十八行題名年月二行在縣署前

雍正三年建立忠義孝悌祠記碑

知縣魏壯等立

按此碑正書載元許輔并邱全李賜重李清然許月安翟良勝六人在崇聖祠門外

雍正十二年重修元帝廟記碑

知縣賈建奇撰文王紹陛書丹

乾隆四年重修賢聖寺記碑

候選教諭王堪撰生員李文印書

乾隆五年重修城隍廟記碑

古越流寓儒士王廷標撰文邑儒士王鎮書丹

乾隆二十八年重修城隍廟記碑

教諭丁際隆撰文增生劉建書丹

乾隆三十二年捐補義學束脩記碑記見藝文

教諭孫文明記廩生周鄉書書丹

按此碑正書文十二行題名年月三行在縣學內

乾隆三十九年邑令陳侯德政碑

陳侯名洛書字龍泉山西太原府徐溝縣清源鄉人乾隆丙子舉人庚辰進士宰是邑云

按此碑正書文十二行題名年月四行在縣署前

嘉慶六年重修賢聖寺記碑

歲貢李德彰撰文廩生夏廷選書丹

道光三年重修鄉賢祠記碑

教諭魏升元撰文廩生李汝南書

道光八年重修戒珠寺記碑

知縣莫樹椿撰文邑增生周遒古稀二齡書丹

隋五峯山蓮華洞造像題名

山左金石志云蓮花洞造象題字三十種在洞外東壁者五種在洞內北壁者二十三種在洞內南壁者二種每種五六字至二十餘字不等舊未著錄此段赤亭親至五峯搜得之

按寰宇訪碑錄云五峯山蓮華洞大像主鍾崔等五十四人題名蓋又有出三十種之外者矣

唐神龍三年中興三藏聖教序石刻

中宗御製唐奉一八分書

長清志云在縣治西八里浮圖院內

唐開元二十四年齊州神寶寺碣

神寶寺記碣　字寰篆兼書

觀夫三皇五帝氏王夏殷周漢氏作淳源渴而不流澆俗紛其方扇雖孔門將聖老氏谷神猶龍之道德西浮歎鳳之詩書不返竟不能庇交喪拯頹流驅彼黎俗登茲仁壽徒存紫氣之言終絕素王之筆曷若金繩化跡超十地而孤尊寶樹應現乘四輪而廣運大雄有以見衆生溺之苦海於是虖積寶筏而濟之大雄有以見諸子迷之朽宅於是虖駕舟杭而出之視之以五蘊誓空明之以諸漏以盡泊玉毫騰彩覩賢功之象位金儀入寢現神通之日月經傳白馬珍閣崛以移來剎起青龍飛闕浮而錯峙遂令有國有家者得其道而四海以安元元烝烝者得其門而六塵高謝豈與夫向時之二教同日而言焉神寶寺者

寶山南面岱宗北陰岡巒惢隮而石壁萬尋林藪蒙籠而峯屏千仞貔豹躑躅人絶登臨虺蟒縱橫鳥遏飛路粤有沙門諱明不知何許人也禪師德隆四輩名優六通僧徒俱服羣生宗仰晨遊棘園四念經行夜宿榛壇六時禮敬貔豹枕踏禪心寂而不驚虺蟒縈身戒定澄而不亂水甁朝滿羽仗夜來事跡非凡故非凡測親題作記自敘因由日明以正光元年象運仲秌於時振錫登臨思同鷲嶺俳徊引望想若雞林欻彈指發聲此爲福地遂表請國主示寂入神立此茄藍以靜默爲號自梁齊已來不易題榜屬隋季經綸生人版蕩華鼎推變眞俗盈虛今之所存殆將半矣至我大唐御宇重遷九鼎再修二儀四海廓淸萬邦壹統用光正道建三寶以傳燈化洽垂衣紀四生於壽域

迺格命天下有固癈茄藍先有額者並使申請於時有鄉人王邦應答州縣申聞以此寺北有寶山東有神谷因改爲神寶寺爾其寺也望會開基臨齊作鎮堂宇宏壯樓閣岧嶤砌並珩璜階塗金碧穆容有睟瑞相無違發妙彩於天金聲奇遺於龍石手輪含字臨珠綴而披綱肩宇舒毫鑒壁瑠而上月寺內有石浮圖兩所各十一級舍利塔一所衆寶莊嚴胡門洞啟石户交暉返宇鏘鏘飛檐轍轍半天鵬起遙遙煙霧之容壹[illegible][illegible][illegible]宛丹青之色挹朝霞之昈昈湛夜月之盈盈風牽則寶鐸鏘[illegible]日照則花盆晶晶迢迢亭亭鬱鬱青青皓皓旰旰[illegible][illegible][illegible][illegible][illegible]而望之炳若初日照灼皎扶桑近而察之並似素雲[illegible][illegible]隆夕陽方之鴈塔有似飛來譬以化城還疑湧出寔瞻仰之形勝是

歸依之福田寺内先代大德僧明幹提智惠燈照無明國僧彥
休護惜浮囊微塵不犯僧元賁積行勤苦軌範僧倫僧神解寶
樹論幢摧諸憍子僧宏哲持經得驗舍利猶存僧惠沖殷念西
方期心安養所造功德僧類滋多僧景淳釋戶綱宗元門樞紐
僧貞固樹心宏護結志修營僧鑾將齠齔出家童顏落彩三齊
負笈猛探麟角之先九洛揞螢迴出牛毛之外並俱沐聖恩僉
成道器忽鶴林風急鹿苑霜飛早謝傳燈空懸錫影現在諸大
德寺主僧慧珍戒珠比月道冑含星堤忍作衣疊空成座六時
禮念脇不至床壹食摽心口不再歎是慈悲父是良福田廣濟
蒼生普心供養前都維那僧惠沼摽峯千仞崖岸萬里吐妙疊
於脣吻納山岳於心胷縱橫道門通達無礙上座僧塵外遊香

紛馥有賓頭盧之軌儀都維那僧敬祥惠劍如霜繼舍利射之
談說僧敬崇柰苑良材橫愛河而濟羣溺僧智山祇園杞梓敦
鸞字而庇蒼生並騰麟俊藪犄鳳僧林飾厚柱於春臺撫定輪
於烁駕祥煙飛錫來遊歡喜之園宴坐經行實名和合之衆故
同鐫寶碣高旌福門大唐開元神武皇帝陛下朝宗萬國捲頓
八紘金鏡合七曜之輝玉燭和四時之氣慶雲澄彩瑞日呈祥
仁動上元力侔大造瀚海天山之地盡入隄封龍庭鳳穴之鄉
咸沾風化封金岱嶺刻玉僊閭藻鏡乾坤光華日月刺史盧諠
全義門有卿相家襲銀璜強幹則不發私書清肅則邈然官燭
矜孤恤隱愛士慕賢故得訴入來蘇謌登至晚山茌縣令梁曰
大夏幹局貞故神情警悟風琴寫韻則瑞雉爭馴冰鏡澄清則

祥戀自舞試梵王之福地眞釋帝之名區爾其閒戸深沉山扉
窈窱玉床雷乳問抱朴而猜疑石壁藏經訪羨遊而不識奇弄
恠木如窺須達之園瑞藥儼苗似入提伽之院爲王獻菓下甘
露於琢盤鳳女持花拂靈香於寶帳迦葉頻伽之鳥百囀閒關
優曇鉢羅之花九光凌亂漢皐遊女對玉洞以傾心李梁賢臣
仰瓊堂而頓首庶使文殊過去億沙說之清塵彌勒下生覔神
功於貞石式鐫寶碣而爲頌云
大雄降跡慈山本元奄有三界非無二門不生不滅若亡若存
遍看羣有無如我尊鴈門惠遠罽賓羅什明公繼玆伽藍此立
俗戸易窺眞門難入遁跡龍爲爯後相及大唐壽命當宇握鏡
化洽萬邦功齊七政錄圖舒卷紫雲迴暎惠日再暉薰風在詠

門庭華敞防宇輪煥蓮臺畫閣危樓飛觀竹韻宮商花然灼爛
僧衆虔仰士女稱歎亭亭妙刹灼灼精廬彫盤瞰野鏤檻凌虛
珠懸日靜鐸迴風疎蓮亮栖鳳倒井植渠峩峩寶碣落落神軒
邪山鼇岫苦海澄源錦雲震烈縠霧風翻此中何地給孤獨園
維開元二十四年歲次景子十月丁未朔五日辛亥樹刻工畢
僧惠琛等勒之在銘紀於來代

山左金石志云碑記神寶寺所起先有沙門譯明以正光元年
象運仲秋立此伽藍以靜爲號大唐御宇以寺北有寶山東有
神谷因改爲神寶寺案史記斗爲帝車運于中央所謂象運即
斗運也

按此碑八分書又二十二行前後題名年月三行在靈巖寺

山後湧靈岩志不載此碑茲得善拓本錄全文於右

唐天寶元年靈巖寺碑 文見藝文

山左金石志云石碑見趙明誠金石錄云唐靈巖寺頌天寶元年李邕撰并行書未詳所在 國朝孫壇長樂云李北海書靈巖寺碑在長清縣長白山寺中尚完好寶刻類編亦載是刻下注孫字益此碑在長清本寺也元至山左訪求未得嗣見趙晉齋魏所藏舊本嵬力雄偉爲北海得意書惜下截已闕茲仍標目錄之

唐長慶元年靈巖寺功德龕佛座題字

一題李澧王洲長慶元年四月八日記之

一題長慶二年十二月八日魏龍寺僧神祐義新法從表偉同來神祐者內黃人也姓劉氏

按此二刻並正書前題七行後題十二行皆左讀

唐大中八年牟瑠證明功德記

修方山證明功德記鄉貢進士牟瑠撰

此山前面有石龕龕有石像從彌勒佛并侍衛菩薩至神獸計九軀案寺記云唐初有一童兒名善子十歲已下自相魏閒來於此山捨身未及半五雲封之西去乃鑿此山成龕立像旌之會昌五年毀天下有額佛寺五千餘所蘭若三萬餘所復僧尼二十六萬七百餘人此龕佛像徵廢大中五年奉旨許於舊蹤再敕精舍寺主聞於州縣起立此寺有杭州鹽官縣人僧子儒俗姓董氏不遠江湖訪尋名跡至六年五月七日得度金柔變

鑄方山證明功德施主二百餘人一一鐫姓名於左其山龕在寺

之艮直上可四里匊睨滄溟有同蓬島龕右有泉來從細竇玉

液金漿泄石盆而已大唐大中八年四月八日鐫記

山左金石志云案新唐書武宗本紀會昌五年八月壬午大毀

佛寺復僧尼爲民不言毀有額寺至五千餘所蘭若至三萬餘

所復僧尼至廿六萬七百餘人皆其略也大中五年奉旨許於

舊蹤再啟精舍亦史所未及

按此碑正書文二十七行題名三十五行在靈巖寺巢鶴巖

下書者鹿繼宗鐫者李可定字多磨泐今取其可辨者節錄

如右

宋景德四年靈巖寺經幢

山左金石志云右幢前刻尊勝經九行後刻清信女弟子王氏

記文年月六行

宋天聖二年靈巖塔院尊勝經幢

山左金石志云右幢前刻序文次尊勝眞言後列合寺僧衆凡

一百二十四人

宋至和三年靈巖寺杜堯臣詩刻

留題靈巖寺　知鄆州軍州事杜堯臣

四絶精藍冠古今于山影裏寺難尋年來蹤跡如萍梗一得登

臨恨更深

先祖侍郎天聖六年中被詔自齊移鄆路過靈巖川時以赴土

有期不暇登寺遊覽乃留題於寺莊彭壽此者獲領是邑以累

民田赴下院恭覩手澤慮其歲久文字晦缺遂命工刊石至和三年九月一日孫通直郎守太子中舍知齊州長淸縣事兼兵馬都監彭壽再拜立石

山左金石志云右刻正書前詩五行後跋八行乃天聖中杜堯臣留題靈巖寺之下院至其孫彭壽於至和中摹勒上石也

宋嘉祐元年靈巖寺郭聖澤題名

郭聖澤因設水陸到此丙申孟冬十七日題

宋嘉祐二年靈巖寺辟支塔題名

山左金石志云題名十石正書皆嘉祐二年三年間刻所刊男女姓氏約三十人皆助錢修塔者

宋嘉祐六年靈巖寺于佛記碑 記見藝文

尙書工部郎中王逵撰賜紫沙門神俊書并題額沙門重淨建

立

宋嘉祐六年張學士留題靈巖詩刻 詩見藝文

留題靈岩寺

龍圖閣直學士尙書兵部郎中充眞定府路都部署兼安撫使知成德軍府事張掞

嘉祐六年辛丑歲七月一日齊州靈岩寺賜紫沙門重淨上石

京兆府普淨禪院賜紫僧神俊書眞定府郭慶刊字

山左金石志云碑刻于嘉祐六年時掞年六十七歲詩云再見祇園樹流光二十年以傳證之當是明道中知萊州掖縣時曾到此也

宋嘉祐九年張慶等蓮花洞題名

山左金石志云右題名六行正書在五峯山蓮花洞

宋熙寧三年朝賢贈行詩刻

詩送靈巖法師　安石

靈巖開闢自何年草木神奇鳥獸仙一路紫苔通寶篠千崖青靄落潺湲山祇嘯聚荒禪室象衆低催想法筵雲足莫辭重跰往東人香火有因緣

詩送靈巖法師　充

戰士長戈起務原謀臣獻策廟堂開吾師倜儻浮屠隱不事王條事經論　兩街推許住靈岩百鳥銜花侍師顏清風一振海潮音聽動會蒙祖師印窮秋別我欲何言珍重詳師指一彈

詩送詳禪師住靈岩　尚書司封員外郎直史館同修起居注直舍人院兼同知審官東院事蔡延慶

靈岩川上白雲深十里青松晝自陰遠寺幽僧傳已古名山勝絕冠于今羣峯環翠凝秋色危壁飛泉瀉暮音此景去爲風月主五湖應不起歸心

詩送靈岩道光大師　尚書祠部郎中新知饒州蔡冠卿

僧讀儒書舉世稀惟師精學出塵機上都香火安禪久東國林泉徇衆歸道在莫從形相索身閑都覺利名非靈岩到日秋應晚還寫新詩遍翠微

熙寧庚戌仲秋十六日

山左金石志云石碑分三列第一首款書安石當是荊公斯時

正叅政也然詩句頗不類次首欽書充攷其時有俞充者字公達鄞人熙寧中爲都水丞或即其人蔡延慶爲蔡齊之子宋史有傳

宋熙寧三年張學士送靈岩寺僧詩刻

詩送新靈岩寺主義公上人　龍圖閣直學士尚書工部侍郎羣牧使張掞上

峩峩日觀出雲層西麓靈庵寄佛乘金地闕人安大衆玉京選士得高僧精力斷腕羣魔伏錮軸存心與義增顧我舊山泉石美滿除諸惡頼賢能　熙寧二年己酉歲中元日

詩送勑差靈嵓寺主大師詳公赴寺　朝散大夫守尚書戶部侍郎致仕張掞上

黃紙除書下九天代出宗西麓鎮金田鷲峯肅肅臻多士蘭社熙熙撫衆賢像室光華輝曉日禪心清淨擢秋蓮山泉自此增高潔雲集十方結勝緣　熙寧三年白虎守歲九月十三日

山左金石志云案宋史張掞字文裕齊州歷城人歷官戶部侍郎致仕熙寧七年卒年八十此刻第一首送義公詩在熙寧二年尚是居官時作第二首送詳公詩在熙寧三年是已致仕時作距卒時祇四年矣

宋熙寧三年靈岩寺勑牒碑

山左金石志云右碑額題勑賜十方靈岩寺碑牒文後有王韓二叅政列銜以宋史宰輔表考之熙寧二年二月庚子王安石自翰林學士工部侍郎兼侍講除右諫議大夫叅知政事三年

四月己卯韓絳自樞密副使除兼參知政事是年十二月丙公皆同平章事則此碑當立於四月以後十二月以前也

宋熙寗六年章驤等靈岩寺題名

秘書丞章驤著作佐郎張諤衢州判官楊于從諫院舍人鄧公察訪東川便道靈岩遇夜遂宿熙寗六年十月中休

按此刻正書五行左讀在靈岩寺章馱殿石柱

宋熙寗八年吳公德等靈岩題名

熙寗八年十月修寺吳公德張博示劉博示楊行者任行者趙行者蔡行者記

宋元豐元年蘇子瞻黃茅岡詩刻 詩見藝文

由左金石志云案坡公此詩乃元豐元年守徐州時登雲龍山之作竝非題靈岩寺也玩其筆意不類蘇蹟大抵後人所爲寺僧不知遠以刻石

宋元豐二年蘇子由題靈岩詩刻 詩見藝文

轍昔在濟南以事至太山下過靈岩寺爲此詩寺僧不知也其後見轉運使中山鮮于公於南都公嘗作此詩并使轍書舊篇以付寺僧元豐二年正月五日題

蘇子由從事於齊日有題靈巖詩鮮于子駿後漕京東刋石頃失之妙空被命而來寺之敝陋更新盡以諸公題刻櫛比于中門兩壁恨亡蘇詩也靖康初偶得墨本於荏平李時壁家再模石空明居士跋

宋元豐三年王臨書靈岩道坊石刻

靈岩道坊 飛白書四字二行字徑一尺七寸

元豐庚申尙書兵部郎中直昭文館知軍州事上柱國王臨題筆

山左金石志云案張懷瓘十體書斷謂蔡邕待詔鴻都門見堊帚成字歸作飛白是堊帚爲飛白筆之始也唐宋諸家能飛白書者皆不言用何筆此云鐘筆可補見聞未及宋史列傳王廣淵字才叔大名成安人弟臨字大觀起進士元豐初自皇城使擢爲兵部郎中直昭文館後嘗知齊州而無一語及其能書亦史文之略也

按此刻在靈岩寺西八里有坊曰靈岩勝境旁立此石乃自長清至靈岩寺道中之坊也舊作境或作埸皆誤

宋元豐三年李公顏遊靈岩題記

治平中家君判官還自永嘉道過錢唐僧惠從來告曰廬舍金像成矣欲歸齊之靈岩而未有託也願附舟而北家君從之後十五年余至其寺徘徊瞻仰因識其事元豐庚申孟冬李公顏才甫題

按此刻正書七行在靈岩寺

宋元祐二年眞相院舍利塔銘

齊州長淸縣眞相院釋迦舍利塔銘

翰林學士朝奉郎知制誥上騎都尉武功縣開國男食邑三百戸賜紫金魚袋蘇軾譔并書

洞庭之南有阿育王塔分葬釋迦如來舍利嘗有作大施會出

而洽之者綿聚傳捧湧泣作禮有比邱竊取其三色如含桃大
如薏苡將寘之他方為衆生福田久而不能以授白衣方子明
元豐三年軾之弟轍謫官高安子明以畀之七年軾自齊安恩
徙臨汝過而見之八年移守文登召為尚書禮部郎過濟南長
清眞相院僧法泰方為磚塔十有三成峻峙蟠固人天鬼神所
共瞻仰而未有以葬軾默念曰予弟所寶釋迦舍利意將止於
此耶昔予先君文安主簿贈中大夫諱洵先夫人武昌太君程
氏皆性仁行廉崇信三寶捐館之日追述遺意捨所愛作佛事
雖力有所止而志則無盡自頃憂患廢而不舉將二十年復廣
前事庶幾在此泰聞踊躍明年來請於京師探橐中得金一兩
銀六兩使歸求之衆人以具棺槨銘曰

如來法身無有邊化為丈六示人天偉哉有形斯有年紫金光
聚飛為煙惟有堅固百億千輪王阿育願力堅役使空界鬼與
仙分置衆刹奠山川棺槨十襲閟精圓神光晝夜發層巔誰其
取此智且權佛身普現衆目前昏者坐受遠近遷冥行黑月曀
坎泉分身來化會有緣流傳至此誰使然并包齊魯窮海壖獷
悍柔弱冥愚賢願持此福逮我先生生世世離垢纏

元祐二年八月甲辰

宣和三年十月日住持眞教大師文海立石

山左金石志云右刻銘序及標題年月凡二十三行案東坡年
譜及紀年錄元豐八年五月復朝奉郎知登州八月十七日得
旨十月十五日到登州二十日召為禮部員外郎其過濟南長

清眞相院年譜不載在何時而但系作塔銘於元祐元年今案碑文是二年則非元年矣據海市詩刻公自登州入都已近十月之晦過眞相院事當卽在觀海市之後或者施金在元年書碑在二年也碑書於元祐二年至宣和三年始爲刻石相距已三十四年矣

宋蘇東坡眞相院施金帖刻

今正寄銀六兩助成舍利槨也卑意竝是爲先人先妣追薦告頌大師惠錫於佛前燒香祝願過悚忽忽特煩以生日惠貺經數香華爲壽感刻入罔無以爲意靑絲禪段一枚鹿茶芽五斤深送上微鮮至愧至愧軾白

東坡先生施金建塔向遭此數帖塔久未成罹正隆之季兵火而亡其本旣定復得之詢之嘗已流落數百里遇好事者識之而卒歸本院古語有謂珠無翼而飛玉無脛而走者以至寶之物不自致於人而人有以致之者也顧此寶之去來雖曰人致而暗中亦應神物護持乃如此得完山谷道人云蘇翰林書又字字可珍百餘年後想見其風流餘韻當萬金購藏耳噫嘻歲月愈遠而此愈難得寺僧其秘以什襲而長寶之異時或賢達君子勸緣募工畢此勝事者庶幾憑仗奇蹟取信後人而易爲力焉大定十八年六月晦日甲山劉賁謹題

大定十八年七月六日眞相院住持僧道遜等立石賈順摸刋

山左金石志云右刻蘇帖十行後有劉賁跋及寺僧題名二十三行

長清志云眞相院在縣治西有磚塔八盤高與石麟山齊元豐
八年建
泰山志云觀劉資跋則大定時塔猶未成也今塔不知何年所
建縣志殆未檢視此碑耳
宋元祐四年卞蒙叔等靈岩寺題名
元祐己巳十月十日卞蒙叔高思道同登
邵安期劉致用元祐己巳十月三十日同登
宋元祐七年蔡安持靈岩詩刻
四絶之中劇最先山圍宮殿鏁雲烟當年鶴馭歸何處世上猶
傳錫杖泉
元祐壬申十月中澣睢陽蔡安持資中題

宋紹聖五年李迪遊靈岩詩刻 詩見藝文
大丞相文定公遊靈岩詩
先丞相天聖間嘗留詩寺壁後主僧刻石逮今歲久字畫刓缺
因命工再刊于石紹聖五年三月中澣日姪曾孫新滑州白馬
縣主簿李侃敬書
山左金石志云右詩正書十七行後有李侃行書跋四行案宋
史列傳李迪字復古卒謚文定天聖初出知兗州青州此詩殆
作於此時也
宋元符二年蔡卞書經偈石刻
覺海性澄圓 至眞實心如是
元符二年十二月十三日莆陽蔡卞書凝寒筆凍殊不能工也

妙湛摠持不動尊　至爍迦羅心無動轉

建中靖國元年冬十一月五日池陽慧日院南軒續此偈

崇寧元年十一月鄱陽齊迅施刻于靈巖寺住持傳法淨照大師賜紫仁欽立石匠八牛誠刋

山左金石志云案宋史蔡京弟卞字元度與京同登熙寧三年進士此碑前所書正官尚書左丞時後段續書已貶少府監分司池州至靈巖刻石卞已知樞密院矣

金石萃編云蔡卞所書楞嚴經偈瀏灕頓挫行法不減元章且通體完善臨池家可以摹仿也

宋崇寧五年吳拭靈巖寺詩刻

余赴治歷下謹拜香于靈巖道場靈巖固東州勝絕處余聞之舊矣然不知與武夷昇眞洞天相若也余旣幸供佛飯僧又經行宴坐之地了了然如家山間住山仁欽師初不與余接問之

蓋鄉人也因作三小詩以誌其事

丹崖翠壁一重重香火因緣古寺鐘若有金龍隨玉簡武夷溪上幔亭峯　一麾邂逅得東秦憶別家山六度春何意眼前毛竹洞主人仍是故鄉人　大士分身石罅開輕烟微雨證明臺洒然一覺鄉關夢換骨崖高好在哉

崇寧五年丙戌夏四月甲戌建安吳拭傾道題

山左金石志云右詩序年月正書凡十六行筆法秀勁鋒穎如新

宋大觀二年靈巖寺崇興橋記碑

河陽郭思撰濟南王高篆升卿書丹釋仁欽立石

宋大觀三年李遵等靈岩觀音洞題名

甘陵皇沂同李導陟此峯遊於是洞時大觀三年記

宋大觀四年靈岩寺僧仁欽五苦頌碑

住靈岩釋仁欽述當寺比邱海補立石侍者道巖書

山左金石志云右碑正書文十二行皆釋氏常談無足錄也

宋政和元年曹夫人遊靈岩題記

大宋夫人韓氏朝拜東嶽回遊靈岩觀音道場四絕之所崇峯列翠宛若屏圍而北主峯峽然五里之聳而肩有殿號曰證明謂其如來化跡祈應如響於是發精確志不懼巇嶮乘興而步其上仰瞻紺像欣敬不已及觀巖麓木怪石奇景與世別眺寓

移時頓忘塵慮若非聖力所加從心之年焉能至此於內自省尤爲之幸仍知名山勝槩傳不誣矣時政和改元季春念五日孫男左侍禁曹洙三班奉職深右班殿直涇侍行使女意奴孫倩奴喬等從行洙奉命題記昂石徐儀刊

山左金石志云右刻正書十三行夫人爲曹洙等祖母洙兄弟皆官居右階宋史無傳可攷

宋政和元年靈岩寺僧淨照誠小師語石刻

物外翛然獲自由懸懃諸子送佗州白雲暫駐無方所明月相隨到處優巖谷乍拖終勿思林泉幽景豈迴眸吾今此去聊相別汝且和光混衆流　齊郡東禪小軒書付誠小師

宋政和三年靈巖寺巢鶴岩題名

杜綰裴彥同劉永旍經仲壽沈邦傑僧廣先智思登證明同帽

道旁政和癸巳季秋十九日拜傑書

宣和二年三月十九日稅尸孫東元題

山左金石志云右題名八種有紀年者惟政和癸巳及宣和二年兩種耳

按此二種外又有東平宋安中同張遠來游覽山景季春下旬一種大名牛元直張應之庚子同登一種潁州虢琮遊一種博州高唐劉生同妻宋氏遊頂迴一種江南歙州程及安固李一種前守棣州猷次蔡禮題一種共八種

宋政和三年眞相院重修法堂等功德記碑

王宿撰文知事僧維深等立石徐儀刋

宋政和五年趙子明靈岩謝雨記

政和乙未經春不雨百姓咨嗟思欲禱于法定聖像誠心一啟甘澤隨降遂消吉辰詣靈光致謝因覽諸泉經日而還向子千涓同至 縣令趙子明孟夏廿一日監寺僧昭戒立石

宋政和六年李堯文遊靈岩題記

山陽李堯文自汶以事至東武由奉高祠嶽過靈岩瞻禮觀音像登證明龕盡得遊覽之勝政和六年閏正月十九日

宋政和七年張勸靈岩寺題記

觀音道場靈岩山觀音菩薩昔所化現政和歲在丁酉首春甲午朝請大夫先右文殿修撰長樂張勸來守濟南爲題峯著名以彰其實

宋政和七年崔大防等靈岩觀音洞題名

博州崔大防周君度同登證明仙洞時政和丁酉歲三月十四日題

宋政和七年楊昇等靈岩觀音洞題名

博州楊昇同楊善到此政和七年

汶陽梁西均挈家同遊適潘女悟通侍行政和丁酉孟夏旦

宋政和八年王奐靈岩飯僧題記

王奐被旨特許因職事到濟南營治亡妣襄事小祥前八日恭詣靈岩道場禮觀世音預設僧供請知老陞座飯畢由山劉材韓河王元直侯不孕同行政和八年六月廿有七日

宋宣和元年何亭玉等靈岩寺題名

何亭玉唐儀來遊宣和元年三月廿五日

宋宣和四年李唐臣等靈岩觀音洞題名

清平李唐臣范庭珪鄭伯温王秀姬田汝霖遊此宣和四年四月三日

宋宣和五年朱道濟遊靈岩詩刻

二年催遣向東州見盡東州水石幽不把尋常費心眼靈岩消得少遲留　東州山水亦堪遊及至靈岩分外幽會有定師能指示直須行到寶峯頭

宣和五年二月初九日朱道濟偶書呈知公妙空禪師

法定禪師乃觀音化身初居靈岩神寶峯作釋迦石像良有深旨

宋宣和五年靈巖寺海會塔記刻

監寺比邱祖英謹題

山左金石志云右刻正書二十八行僧祖英撰書書體圓勁絕似景龍觀銘

宋宣和六年靈岩寺施五百羅漢記刻

奉議郎賜緋魚袋宋齊古謹施承節郎張克古書住持妙空大師淨如上石

宋宣和七年王淵等靈岩寺題名

方渠王淵幾道緣職事訪如師和尚遍觀靈岩聖跡當日迴歷下宣和乙巳六月十二日書

宋靖康二年靈岩功德題名

長清宰趙邦美子相拉楊叔應李充道同遊金僊靖康丁未正

月廿二日禮同恭拜

宋靈岩寺朗公傳磨崖

戊子秋七月念七日僧曉如書傳

宋孝經碑

通志云在長清縣雞兎屯宋時御製孝經碑相傳為焦孝女設也

宋遲賢亭石刻

長清志云宋靳八公遇呂純陽留仙筆十字辨之乃號咣歸別處結綵便飛雲二語土人刻諸石

靈岩志云靳莊遲賢亭世傳為宋時仙人靳八公故里八公仙

由書洛陽雍簡畫僧人胡宏鐫

金皇統七年任瀛靈岩寺詩刻

濟南府推任公詩

詩呈堂頭雲禪師　瀛上

放開塵眼頓超凡便覺樓眞悟渺瀰碧嶂排空千仞矗清泉激
灩十分甘五花殿裏師因果百法堂中問指南若道爲官太拘
束三年三得到精藍

皇統丁卯三月二十八日監寺比邱子方上石兗人胡宏刊

金皇統七年靈岩寺面壁像記

建中靖國元年九月十八日居士陳師道撰

皇統七年歲次丁卯十二月晦日靈岩寺沙門法雲募工重立

石山門維那僧宗安書

金皇統七年靈岩寺觀音聖跡象并序刻

沙門法雲募工立石洛陽雍簡畫僧人胡宏刊

金皇統八年康淵靈岩寺詩刻

武安康淵贈靈岩西堂堅公禪師

縈迴綠水遶春山蝶舞鶯啼白晝閑誰似西堂知解脫不教憂
色到朱顏

伏覩甲兄都運觀察贍西堂禪師佳什言超物外奇逸清高如
閑淡烟雲縈巖映岫自生光彩耳謹命工刊諸琬玉用久其傳

皇統戊辰歲五月初十日住持僧法雲立石

山左金石志云右詩刻正書七行跋四行此詩殊有風致中州

集未之收也寂照禪師塔銘亦稱運使康公則淵嘗爲轉運使矣甲兄或以甲乙爲行次之稱耳

金皇統九年靈岩寺寶公開堂疏碑

濟南府今請靈巖禪寺寶公長老開堂演法爲國焚修祝延聖壽者

竊以丈室駐錫便知祖道之興諸天雨花喜遇禪林之伯判殽誠之公衆舉最上之因緣不有能仁難安勝境伏惟寶公堂頭和尚早具鍛金之爐鞴妙傳出世之津梁枯木寒灰宴坐於千峯影裏騰蛟起鳳進步於百尺竿頭茲緣緇素之依歸有請省延而允可唱少林之曲調踞靈巖之道場信堂堂龍象之姿起肅肅人天之會白雲堆裏不妨依舊經行碧眼胡邊無情斬新拈出永洪睿筭廣震潮音謹疏

皇統九年八月日疏　承事郎濟南府推官權判官李德恭

府判官　宣威將軍濟南府少尹完顏沒艮虎　安遠大將軍

同知濟南尹事南陽縣開國伯食邑七百戶韓爲股　特進行

濟南府尹上柱國鞏國公完顏篤化叔　徵事郎濟南府錄事

夏綽書　山門監寺僧宗安立石

金皇統九年寂照禪師塔銘

正觀撰文義詔篆額

山左金石志云文稱轉運使康公允爲知遇即指康淵也

金天德三年靈岩山場界至圖刻

寺僧裕顯記

金正隆元年張汝爲靈岩寺題記

余素好林泉之清勝久聞靈岩名山迺自昔祖師之道場也所慊塵緣衮衮未獲遊覽比雖守官汶上鄰封咫尺亦無由一到玆因被檄賞勞徐宿邳州屯守軍兵還登岱宗故不憚迂遠行役之勞慧然而來周覽上方勝槩峯巒峭拔殿閣壯古森天喬木是處流泉憇於秀嵓絕景之亭清風時至了不知暑惟聞啼鳥之聲幽邃清奇迥出囂凡信四絕之一也頓息塵慮以適平昔景仰之意時攜家偕遊正隆丙子歲仲夏初七日同知東平總尹遼陽張汝爲仲宣題監寺沙門法告立石東平張誠刊

山左金石志云右刻正書十八行立石姓名二行案金史張浩傳子名汝爲浩籍遼陽渤海故汝爲單舉其郡名也汝爲歷官

濟南金石志　卷四　金石四　長清石　五八

史書不載惟中州集稱爲河北東路轉運使未知其先曾官同知東平總尹矣武虛谷云地理志東平府以府尹兼總管此結銜稱總尹者殆并二官名爲一歟

金正隆元年釋迦宗派圖刻

西京嵩岳少室山少林禪寺洒掃比邱惠初宣和二年九月晦編集　正隆元年八月旦日濟南府長清縣十方靈岩禪寺沙門法琛立石

金正隆二年劉德亨靈巖寺題名

北安劉德亨安禮攜家之泗水住飯僧於此正隆二年三月十有七日

金大定二年清涼院勅牒碑

濟南府長淸縣陰河行店西淸涼院僧惠照狀告奉勅賜淸涼院准勅故牒

金大定十四年寶公禪師塔銘

相州林慮縣仙岩梅軒居士翟炳撰文忠顯校尉眞定府醋同監閻崧書丹

山左金石志云右刻正書文二十六行案百官志稅醋使司視課多寡並依酒課不及二萬貫爲院務設都監同監各一員此稱醋同監卽是職也

金大定十八年釋惠才靈岩寺詩刻

方山野人因樂道自興作山居吟示諸禪者當山監寺首座焚香禮求上石余不能伏筆靈岩方丈惠才書

山僧樂道無拘束破衣壞衲臨溪谷或歌或詠任情足僻愛林泉伴麋鹿水冷冷兮寒漱玉風淸淸兮動疎竹閑身悅唱無生曲石鼎微烟香馥郁幽居免被繁華逐羸得蕭條與林麓大道無涯光溢日大用無私鬼神伏知音與我同相續免落塵寰受榮辱浮生夢覺黃粱熟何得驅驅重名祿

大定十八年六月旦日當山監寺僧祖童首座僧宗元立石

山左金石志云右詩刻正書凡十二行惠才書體全學山谷者

金大定二十二年楊野靈岩寺詩刻 詩見藝文

入詩格亦朴勁中州集未採

僕於皇統五年歲次乙丑春自任城往歷下訪表弟子司戶叔和由泰安宿靈岩倒指近四十載矣今備員濟南於大定二十

二年壬寅秋因捕蝗與省部委差暨長清丞復宿是菴因成拙詩三十韻以紀其歲月景物云耳信筆而成殊愧不工中憲大夫兗濟南府判官上騎都尉楊野

大定癸卯孟秋上旬三日記當山住持沙門浦滌立石

金大定二十三年靈巖寺滌公開堂疏碑

左平章政事今請滌公長老住持濟南府十方靈岩禪寺爲國焚修開堂演法祝延聖壽者

竊以達摩不西來孰能薦祖盧公既南度始見分枝雖無毫髮示人要在承風取證例開布施各踞名坊厥有濟南靈巖佛寺利洽鄒齊襟吞兗魯二百年叢林浩浩三千里香火憧憧飛閣蓮宮粹容金界不期偉匠焉振宏綱伏惟滌公長老守文三代接武四禪應歷下之機緣續方山之勝蹈遂使白蓮眞蹟無根而鬱鬱騰芳青社餘光不鏡而綿綿照世正好高提祖印獨步大方祝吾皇萬載之昌圖繼古佛一乘之慧壽謹疏

大定二十三年九月日疏金紫光祿大夫平章政事宗國公蒲察通山門知客僧宗秀道璘立石

山左金石志云右碑正書文及年月銜名十三行案金史世宗紀大定二十一年三月尚書左丞蒲察通爲平章政事二十三年十一月丙寅平章政事蒲察通罷據此疏左平章政事即左丞也通居此官爲宰相之貳故當時亦云左平章政事矣通封宗國後避睿宗諱易封任國史本此書之耳

金明昌五年王珩路伯達靈巖詩刻

迺按請靈巖名刹禮佛焚香憩坐於超然亭覽堂頭琛公佳製
謾繼嚴韻　山東提刑王珩
鍾山英秀草堂靈林下相逢話愈清聞道謀身宜勇退得閒何
必待功成
明昌五年十月十五日寺僧沙門廣琛立石
琛公堂頭和尚有題超然亭頌因次其韻　冀州節度使路伯
達
六合空明現此亭本來無垢物華清客來便與團欒坐萬偈何
妨信手成
明昌五年二月十五日沙門廣琛立石濟南梁宗誠同李堅摸
刊

山左金石志云右刻王詩九行路詩七行前後立石姓名各二
行案地理志山東東西路提刑司此王珩結銜稱東路提刑卽
巡按濟南諸屬也冀州節使天會七年置安武軍節度是也路
伯達字仲顯冀州人正隆五年進士詩爲遺山所採
金明昌六年靈寺田園記碑
鄉貢進士周馳撰秘書丞趙渢書翰林學士党懷英篆額
明昌六年十月二十有三日記當山住持傳法嗣祖沙門廣琛
立石
按此刻正書文十八行前後題名年月八行碑陰有界至圖
本記十九行周馳字仲才事詳人物
金明昌七年靈巖寺記碑記見藝文

翰林學士党懷英撰并書篆額

碑陰　遊靈岩詩

天下三巖自古傳靈岩的是梵王天羣峯環寺連叢柏雙鶴欒坐湧二泉此日登臨驚絕景當年經構仰良緣停雲爲憶參休子好伴眞遊社白蓮

丙辰冬至日蓬山劉悳淵識監寺淨善等謹命工刋

冠氏帥趙侯濟河帥劉侯率將佐來遊好問與焉丙申三月廿五日題

山左金石志云右碑正書文及題銜年月凡十九行碑陰兩段一正書十行一行書五行丙辰當是蒙古憲宗時也遺山手跡世不多見書字勁逸不失古法趙侯名天錫字受之冠氏人爲東平左副元帥遺山嘗客冠氏宜其有此勝遊耳

元定宗二年五峯山崔眞靜先生傳碑

清亭杜仁傑撰孟津高翻書并篆額奉高王天定摹丁未上元日門人岱宗張志偉同山圭王志深幹緣宣差東平路行軍錦撫軍民都彈壓權府事李順立石

山左金石志云右碑八分書文十九行碑刻於丁未上元爲定宗二年距眞靜之化已二十七年矣

元五峯山崔先生像贊石刻

虛靜眞人　錦川散人沈士元子政暮年畫

其神瑩然如秋江之水其形枵然如槁木之枝其韻脩然如鸞海之鶴其光煜然如商嶺之芝此所以禮法不能縛嚮纖無所

旅百爲元門中之大宗師也耶　神州劉祁

道一裂莽橫潰各爲家自分派公真出理崩壞爲鉏荊棘當其

握天地綱涉界壹死生齊內外適然去還大由拾墜餘後昆賴

嗟晩生空撫膺不得親聆謦欬徒仰之增永慨垂萬古不朽在

清亭杜仁傑

按此刻劉祁小篆杜仁傑八分書劉祁字京叔太學生有文

名作歸潛志詳人物

元定宗三年五峯山重修洞眞觀記碑

元好問撰王萬慶書孔元措篆額

山左金石志云史稱好問爲文有繩尺備衆體今觀此碑平衍

無出色處或托名爲之

元五峯山洞眞觀公據碑

山左金石志云東平府給公據及觀基四至年月正書十八行

前後鈐印三但蒙古篆文方徑二寸但稱己酉不紀年號當在

定宗之後

元定宗三年五峯山海衆姓氏圖刻

戊申歲紀海衆信士姓氏之圖

按此刻自重陽愍化妙行天尊王嘉以下四層上層二十一

行二層二十行三層二十六行四層三十行皆道流與信士

題名

元至元四年洞眞觀主者王氏葬親碑

杜仁傑撰文王伯善題額張志韓書丹

山左金石志云右碑正書文十八行末題大朝至元四年重五日以文證之當是世祖至元四年其時未定國號故猶稱大朝也

元至元四年重修樂育堂記碑 記見藝文

至元戊寅三月既望承事郎前翰林國史院編修官成鼎記奎章閣前鑒書博士兼經筵講官江南行臺御史王楚鼇書前平江路同知總管府事汝寧知府薛仲傑篆額

至元四年歲次戊寅五月日縣尹高伯溫等立

按此碑正書文十五行前後題名年月十三行在縣學內

元至元十年洞眞觀虛眞子塋碣

按此刻正書文二十二行在五峯山上

元至元十六年故宣差千戶保靖軍節度使李侯神道碑

里人杜仁傑撰文

按李侯名順字服之世爲長清亂灘里人事詳人物

元至元十九年靈岩寺福公禪師塔銘

沙門淨肅述正閑書

元至元二十二年靈岩寺新公禪師塔銘

進士雷復亨撰山東東西道提刑按察使漆水耶律希逸書丹并篆額

山左金石志云希逸元史有傳稱其官淮東宣慰使不載山東提刑按察使是其畧也

元至元二十三年重修廟學記碑 記見藝文

少中大夫山東東西道提刑按察使武安胡祗遹撰并書太子
左諭德李謙題額
至元二十三年歲在丙戌五月既望立石作頭孫澤同呂彬刊
按此碑正書文十一行題名年月六行碑陰有教諭張鵬記
在縣學內
元至元三十年靈岩寺肅公禪師道行碑
住持林泉老衲從倫撰并書丹篆額
元至元三十一年靈岩寺廣公提點壽碑
棣州教授南宮左思忠撰住持覺達書丹并題額
山左金石志云右碑正書文二十五行案碑云廣公前往杭州
南山普寧寺印經一大藏攷杭州西湖志普寧寺在雷峯塔下
以此碑證之則至元末年尚有藏經板可印其寺之盛可知然
普寧印經事僅見於此可爲武林梵刹增一掌故也

元元貞元年重修樂育堂記碑記見藝文
至元丁丑三月丙申翰林待制奉訓大夫汲郡王惲記國子祭
酒楊文郁篆額前廣西海北道肅政廉訪司經歷張繪書丹長
清教諭東平陳文彥斂衽跋
元元貞元年閏四月望日立石
按此刻正書文十二行跋五行前後題名年月六行在縣學
內
元元貞二年五峯山普光大師墓誌
萊陽道人撰并書羽士曹若拙篆額

元大德五年靈岩寺達公禪師道行碑

廣平路永年縣主簿南宮左思忠撰本寺正聞書

元大德五年學田記碑 記見藝文

閩海道肅政廉訪使趙文昌撰文

元大德十年靈岩寺下院聖旨碑

書記思圓書監寺思川等立淸亭方茂典刊

山左金石志云右碑正書十五行月日中間有蒙古篆文印下

有三押字

元皇慶二年靈岩寺海公道行碑

觀物道人懌齋孫榮嗣撰桂菴覺達書丹并篆額

元皇慶二年靈岩寺山門五莊記刻

桂菴野衲覺達記首座思教等立石錦川夏中興門人王庭玉

刊

元延祐元年靈岩寺就公禪師道行碑

沙門覺達撰并書丹

元延祐元年靈岩寺舉公提點壽塔碑

圓明廣照大師智舉字彥高小師子津等同立石

元延祐二年靈岩寺執照碑

山左金石志云右碑正書文二十六行年月一行上有鈐印一

蒙古篆文此碑因朝廷開煉長淸銀洞侵及靈岩寺山場請官

給照勒石以垂永久也

元延祐三年五峯山松巖純眞子墓碣銘

李世傑撰蔡祐書并篆額

元至治二年靈岩寺謝容公長老住持疏碑

山左金石志云右碑正書文十七行

元泰定元年加號孔子制詞記碑 記見藝文

奉訓大夫武昌路總管府判官張繪書朝列大夫前僉福建閩海道提刑按察司事杜質篆額 增李昌遐代 從事郎曹州知事耿樞謹述

按此刻正書文十九行前後題名年月七行在縣學內

元泰定三年靈岩寺壽公施財修寺記刻

山左金石志云此碑右半嵌入寺壁拓本正書十一行未全

元泰定五年何約張鵬霄靈岩詩刻

天下名藍稱四絕方山雄與岱宗連古淵堂上凭欄處似在樓霞太華邊

泰定五年正月下旬日中憲大夫前山東東西道肅政廉訪副使河東何約留題承直郎前江東等道肅政廉訪司經歷張鵬霄同來留題

靈岩古佛剎雄映泰山巔環抱嵐光裏沈滔月照邊禪房森木蔭梵宇眾星聯一到絕塵俗幽棲信有緣

當山住持沙門古淵提點思讓監寺思川同立石書記恒勇書

李克堅刊

元致和元年靈岩寺塑像題名碑

沙門智久謹誌

元天歴二年靈岩寺舉公勸緣施財碑

古淵野衲智久記濟寧李克堅刊

元至順元年靈岩寺執照碑

山左金石志云右碑額題泰安州申准執照之碑上層延祐五年三月執照十九行年月上鈐蒙古印文下有二押中層至順元年十一月執照十六行印押同前下層至順元年十二月執照二十五行亦有印押碑側國書一行無譯文

元至順二年靈岩寺泉公首座壽塔碑

住持智久撰書記海昌書

元至順二年靈岩寺亨公壽塔記

住持智久撰小師惟通惟中等立

元至順二年靈岩寺慧公禪師壽塔銘

嵩山法王禪寺西堂無菴長老覺亮撰書記恒勇書

元後至元二年靈岩寺舉公提點塔銘

沙門古淵撰定巖書

元靈岩寺國師法旨碑

山左金石志云右碑上層法旨梵書十二列下層譯文正書二十五行按聶欽泰山道里記稱靈巖寺千佛殿前後壁勒宋元明碑有元蛇兒年國師法旨碑蒙古字今驗此碑是西僧梵書非蒙古字以無年月可系姑附舉公塔銘之後

元後至元四年靈岩寺容公禪師塔銘

釋德慧撰

元後至元四年靈岩寺撰公塔記

山左金石志云石碑祇存上截正書文二十三行撰書姓名皆缺

元至正元年靈巖寺勑建龍藏殿記

侍御史燕南河北道肅政廉訪使張起巖撰并篆額嶺北等處行中書省參知政事張蒙古台書

元至正元年靈岩寺讓公禪師道行碑

日本國山陰道但州正法禪師住持沙門印元撰并書中奉大夫圓照普門光顯大禪師益吉祥篆額

山左金石志云中奉大夫乃文散官從二品階僧職之有官階者僅見於此

元至正元年靈巖寺提點貞公塔銘

沙門定巖撰福廣野雲書并篆額

元至正四年文書訥書大靈岩寺額碑

大靈岩寺 正書字徑一尺八寸

奉直大夫山東東西道肅政廉訪副使文書訥雙泉書

至正四年四月十有九日立

山左金石志云按文書訥史志皆不詳其人筆法整嚴神采秀勁元碑之完善者

元至正十一年靈岩寺慧公道行碑

釋法禎撰思聰書丹題額

元至正十六年靈岩寺詩刻五種

中統二年六月旦日重遊方山　少林復菴圓照故題

再到靈岩古道場儼然喬木蔭雲房十分山色四時好一味祗風六月涼老樹挂藤侵石壁落花隨水入池塘主人乞與禪床臥夢裏似聞天上香

復菴老衲遊山漫興謹賦拙偈至元十八年清明后十日題

年來乘興一閑遊直擬尋山山盡頭之字水從斜磵出羊腸路到斷崖休古藤依倚巖前樹老木侵欹澗下流啼鳥催歸日將暮林陰樸翠濕衣裘

至元三十一年孟冬下旬有三日當山傳法住持法嫡桂菴野衲覺達立石　錦川夏中興刊　元好問遊

鄙語寄贈讓公長老大禪師方丈之下發别後之一粲

崢嶸樓閣翼飛騫勝槩傳誇衆口喧泉味溢甘雙鶴瑞山形呈秀二龍蜿上方境界埃塵遠絶景亭臺竹樹蕃鐵作袈裟渾有義後人于此要淵原　處約張淑拜手書

至順癸酉仲春末旬七日當山住持傳法嗣祖沙門義讓提點思川監寺子貞立

絶頂松風灑醉顔潘輿鶴髮憶平安十年留得題名在淚濕秋雲不忍看

復游于寺至元廿四年冬至二日文昌墮淚書

予愛是詩故錄於此息菴上石

至正癸巳二月吉日夢遊山寺是歲七月到任九月勸農至此恍然如夢中所見因賦鄙語錄呈靈岩方丈　前進士柴金山

張自明題

清亭忝民牧倏爾兩月餘懇悃理辭訟倉皇行簡書淇秋勤農事東馳岱宗途有山忽北轉宛然梵王居雲蘿隔煙樹經閣來浮圖林巒類拱抱澗壑如交趨松風振巖谷石泉瀉庖廚峭壁龍蛇窟懸崖虎豹區野猿啼町疃海鶴舞庭除僧閑看貝葉客至覊新蔬勝景躋壽域禪房刻周廬山前回首望一夢怳相符

至正十五年正旦當山住持嗣祖沙門雲泉野衲謹書立石

至正乙未秋九月因公赴山東遊靈岩禪寺

秋晚登臨上岱宗扶筇來此謁崆峒閑雨送雲過深澗老鶴將雛度遠空白石清泉心未了黃花紅葉思無窮攜書歸隱知何日坐想青山入夢中

靈岩山房尋同年長清縣尹張君德昭不遇

慈恩塔上題名後京國分攜十四年夢想故人詩句裏坐看黃菊酒杯邊停雲藹藹秋容澹落葉蕭蕭客恨偏獨倚禪房重搔首又鞭歸騎過前川

丙申春三月海嶽降御香回重遊靈巖次趙明叔詩韻

石徑穿雲雨意涼乘軺曾過老僧房門前古柏凝新翠巖畔幽花散異香鶴舞雙泉春水綠龍歸深洞暮山蒼禪心久矣無拘礙笑我狂遊去遠方

前進士應奉翰林文字承事郎同知制誥兼國史院編修官傅亨題時弟益男文炳侍行云

宿靈岩寺

一榻借禪房寂虛風露涼詩魔催夢醒王事促行忙人間東西

戶僧歸上下方山中銘刻漏倍覺此宵長

翰林李傑書　當山住持妙恭立石

明正統五年靈巖寺重建五花殿記碑

山東提刑按察副使臨川王裕撰山東都指揮僉事雲中李進

書翰林院修譔東魯許彬篆

明正統十年頒賜靈巖寺藏經諭碑

皇帝聖旨朕體天地保民之心恭成皇曾祖考之志刊印大藏

經典頒賜天下用廣流傳茲以一藏安置山東濟南府長清縣

靈巖禪寺永充供養聽所在僧官僧徒看誦讚揚上爲國家祝

釐下與生民祈福務須敬奉守護不許縱容閒雜之人私借觀

玩輕慢褻瀆致有損壞遺失敢有違者必究治之諭

正統十年二月十五日

明成化十八年朱文公像贊石刻

文公自題畫像曰從容乎禮法之場沈潛乎仁義之府是予蓋

將有意焉而力莫能與也佩先師之格言奉前烈之遺矩惟闇

然而自修或庶幾乎斯語

趙氏汝勝讚曰理明義精德盛仁熟折衷羣言如射中鵠絕學

梯航斯文菽粟在慶元閒中行獨復

臨川吳澄讚曰義理元微蠶絲牛毛心胸開豁海濶天高豪傑

之才聖賢之學景星慶雲泰山喬嶽

予在學時嘗覽閱小學一書見朱文公先生小像表紀許與肩

目烱秀右目下黑點有七鬚稀而美耳竅生毫冠用緇布衣黃以皂緣之緇帶方履想當時燕居之際端拱而坐望之嚴毅就之溫煦先生道德之容考之年譜與家廟中所藏六十一歲時之真圖也恨無印傳成化十一年秋予守衛時躬塑聖賢肖像移修尊經閣號房畢乃於閣後起數教堂三楹內繪摹先生之真并道派出處讚辭共為一圖鋟梓印行後人得而觀之亦可以想見先生之氣象於當時而垂真於悠久學宮教官生徒朝覲而夕觀之不無啟高山仰止景行行止之念其可忽諸時成化十八年歲次壬寅秋七月吉日賜進士亞中大夫山東布政司左參政文安邢表重刊

明宏治三年靈巖寺詩刻

山東按察副使涇陽趙鶴齡題

明宏治十年重修廟學記碑 記見藝文

四川道監察御史邑人王溫撰文戶部河南司郎中王佐篆額

戶部江西司主事趙亮采書丹

宏治歲次丁巳八月之吉立石

按此刻正書文十九行前後題名五行在縣學內

明正德十六年靈巖寺詩刻

魯藩宏菴次王都憲前韻

明隆慶四年張元忭等靈巖題記

江陰黃道山陰張元忭自濟南登陸之曲阜薦溪毛於孔林酌清泉於顏巷乃涉洙泗登泰山排御帳叩天門振衣絕頂慨海

日之雲迷慨秦碑之香沒徘徊四望乾坤何小已而下循山麓
踰長城嶺遊于靈巖探白雲之洞窮証明之龜觀覽既周幽懷
交暢黃子南旋張子北上臨岐書此以記勝遊時隆慶庚午三
月三十日
予於辛未冬遊靈巖至古佛堂見壁間有黃張二公筆跡揮毫
鋒利詞意清婉雖未覿其面亦可想其人也吾恐歲久壁壞字
畫湮沈因與如泉舒菴一修援筆志諸石以圖不朽倘有後會
亦得章本於此云十月望日錦川郡東山張繼業同表兄東溪
上人立石

明隆慶五年東遊記刻

山東左布政使臨海王宗沐撰

明隆慶六年靈巖寺詩刻

天馬銜寒登岱嶽祇承遺命謁方山諸天森列嵯峩上一逕岩
嶤蒼翠間巖聳證明開寶鏡祠崇后土握塵寰東來不爲探奇
槩願叶熊羆一解顏
隆慶壬申八日燕人樊克已題九月吉住持照普立石

明萬歷二年陰河清涼寺重修伽藍殿記碑

通明山人張永清撰泉陽司旅書丹

明萬歷五年遊靈巖記刻

大常寺少卿王世懋撰文

明萬歷九年重修勅賜清涼院記碑

戒珠寺住持襲祖沙門犁邱野老諄一菴撰并書

明萬歷十二年禮部尚書武英殿大學士殷公神道碑銘

吏部尚書潁陽許國撰同邑羅文瑞書

明萬歷十八年靈巖寺重修千佛殿記碑

傅光宅撰潘子雲書

明萬歷二十三年新立學田記碑 記見藝文

奉議大夫左春坊掌坊事左庶子兼侍讀溫陵李廷機撰文中順大夫衛輝府知府邑人曹鈇書丹歸德府知府邑人董瀾篆額

萬歷乙未仲秋穀旦儒學教諭溫陵林雨化等立石

按此刻正書文十三行前後題名年月五行在縣學內

明天啟六年重修清涼院記碑

國朝順治七年重修五峯山記碑 記見藝文

耿濟郡增廣生員桂伯楊扶世撰

前進士禮部觀政李雨霑撰文

順治十三年五峯山創建一天門迎恩閣記碑

朱廷升撰文

康熙二十六年于德含先生墓誌銘

武定鄭園李之芳撰文

康熙二十九年重修大覺寺記碑

禮部侍郎長洲韓菼撰文

康熙三十三年佛公井記碑

邑人夏文選等公立

乾隆四十二年重修廣濟橋記碑

邑廩生李其楹撰文

乾隆五十九年靈巖寺題名

乾隆甲寅仲冬侍家嚴至此觀諸石刻乙卯季春命段生松苓手搨以歸學使詹事阮元題

嘉慶三年大學士劉石庵書心經石刻

戊午夏五月曹縣壩工爲潘亭書

嘉慶十六年重修張夏普濟橋記碑

內閣中書晉陵李錦撰文

道光七年重修聖濟橋記碑

知縣靖安舒化民撰文

道光十一年創修北普濟橋記碑

邑舉人任躋華撰文

道光十四年尙高屯新築障沙隄記碑

知縣舒化民撰文

陵縣

漢東方先生畫贊碑贊記並見藝文

漢大中大夫東方先生畫贊并序

晉夏侯湛撰　唐平原太守顏眞卿書

東方先生畫贊碑陰記

唐平原太守琅邪顏眞卿撰并書及題額

天寶十三載季冬辛卯朔建

山左金石志云右畫贊文凡二十二行碑陽十八行碑陰四行後刻記文十四行行皆三十字徑二寸縣志載東方先生祠在神頭店卽漢之厭次縣也顏書八分惟見此額筆勢雄勁可寶

錢辛楣少詹云記中采訪使東平王者安祿山也平洌李史魚

二人名見唐書祿山傳碑建于天寶十三載季冬其明年祿山亂作矣

金石萃編云此碑立于天寶十三載在祿山反之先一年正魯公陽會文士飲酒賦詩之時也而完城浚池等事亦卽在此一年之內所謂祿山亦密偵之者殆卽碑陰所記平洌諸人手設使此碑不書則過此一年遂不及作矣古今名蹟之傳誠有數在非偶然也畫象贊先有開元八年刺史韓思復碑自有魯公此碑而韓碑遂不復可攷

按此碑正書四面碑陽十五行碑陰十五行左側三行右側三行舊說以爲前後面各十八行誤也碑在神頭鎭後移置縣署中

唐顏魯公書象石刻

顏魯公奉使帖

眞卿奉命來此事期未竟止緣忠勤無有旋意然中心悢悢始終不改游于波濤宜得斯報千百年間察眞卿心者見此一事知我是行亦足達於時命耳

人心無路見時事只天知

觀此筆跡不顯歲月以事實攷之蓋使李希烈時也希烈以建中元年陷汝州盧杞建議遣公奉使至貞元元年八月丙戌公不幸遇害困躓賊庭者逾二年刃加於頸而色不變度無還期誓不易節蓋書此以自表云重旣摹公之像於蒲繪而祠之又訪得此石本狀貌老矣公以乾元元年自同徙蒲至奉使時垂

三十年氣節不衰而狀貌非昔也乃刻石而寘之祠堂俾觀者有考焉靖康元年七月壬申朝散郎祕閣修撰知同州軍州事唐重書

金石文跋尾云案魯公以貞元元年乙丑爲李希烈所害時年七十六則乾元元年戊戌年止四十九故二像鬚眉不無壯老之別重字聖任眉州彭山人建炎初以天章閣直學士知京兆府與金人戰城陷死之蓋忠義得之性成宜其有慕於魯公也

按顏魯公像并奉使蔡州事本刻在同州府明人重摹刻於陵縣魯公祠內

宋徽宗賜辟廱詔書碑

皇帝賜辟廱詔 正書額二行字徑五寸

朕嘉在昔善天下之俗勸功樂事尊君親上莫不受成於學命
鄉論秀比其德行而興其賢能崇德黜惡人有成材逮至後世
士失所養家殊俗異未之有革惟我神考若稽先王建置學校
罷黜詩賦訓釋六藝首善於京師矣朕追述先志夙興夜寐罔
敢墜失思與有德有造之士共承之遂詔所司推原熙豐三舍
之令播告之修誕彌率土即國之郊作辟廱廢科舉以復里選
之制非聖賢之書與元祐術學悉禁毋習乃涓日之良臨辟廱視
學延見多士縻以好爵朕心庶幾焉傳不云乎以善養人者服
天下朕之迪士至矣其丕應徯志以從上之欲則將一道德同
風俗追成周之隆以駿惠我神考豈不韙歟付辟廱 四日

皇帝賜辟廱詔後序

承議郎試大司成兼侍講武騎尉保定縣開國男食邑三百戶
賜紫金魚袋臣薛昂奉聖旨撰并書

崇寧元年上總覽庶政慨然欲大有爲將躋斯民咸底于道迺
下詔曰學校崇則德義著德義著則風俗醇其大興黌舍于天
下又詔即國近郊建置辟廱臣抗圖上曰古者學必祭先師
茲聚四方士多且數千宜增殿像于前徙經閣于後布講席于
四隅餘若爾規厥既得旨則經營越三年迺告成車駕幸焉祇
見夫子于大成又詔國子司業臣絪臣靜曰朕攄至懷親著翰
墨賜之璧水申勸無窮小大之臣下逮韋布鼓舞頌咏咸以覩
所未嘗爲幸藏之層構勒之翠玉明年臣靜又請序其後上命
臣昂曰汝其爲之臣不獲辭乃拜手稽首言曰唐虞三代尚矣

歷世既遠教法不存然上下之庠東西之序左右之學與夫東膠虞庠或在國或在郊又曰成均曰米廩曰瞽宗曰辟廱辟皆設於王都者如此至於鄉遂則又各爲庠序學校嗚呼何其詳且至也秦漢而降治失本原禮樂化微師友道喪人才卑陋有媿成周盖無足怪於皇神考稽古御時闢太學建三舍論選有德士變宿學而新美矣皇帝陛下祖述憲章咸在先帝收科舉於學校推三舍於四方肇立司成專遣膚使燕見訓諭載色載笑叡意所屬可謂至矣於是時也士患不學不患無所於學人患不才不患無以成其才方策所傳歎不可得於今親見如出其時豈不盛歟然昔備成於積世今掩迹於一時昔大比於王畿今賓興乎海寓非天錫聖上勇智照於理而不惑斷以義而

必行則希世墜典豈易悉舉哉臣待罪從官以總領師儒爲職誠不自揆仰聖政之丕成慶多士之幸會忘其淺陋昧冒稱述姑以塞明詔焉若夫雲漢之章河洛之畫顧豈筆舌所能形容彼目擊心諭得法象焉則無爲而成其猶天地歟臣謹序

奉議郎試辟廱司業武騎尉臣何昌言　承議郎守國子司業兼同編修國朝會要武騎尉賜緋魚袋臣强淵明　朝請郎守國子司業雲騎尉臣汪澥　奉議郎試辟廱司業臣余深　朝散郎試中書舍人雲騎尉賜紫金魚袋臣蔣靜　朝散郎試中書舍人飛騎尉賜紫金魚袋臣吳絪

司空尚書左僕射兼門下侍郎上柱國衛國公食邑六千八百戶食實封二千戶臣蔡京奉勅題額

從事郎知德州安德縣丞專切管勾學事教閱保甲權州學教授臣葛長卿　通直郎通判德州軍州管勾學事察視保甲兼管內勸農事借緋臣牛公達　右中散大夫知德州軍州管勾學事兼管內勸農使上騎都尉榮陽縣開國男食邑三百戶賜紫金魚袋臣賀宗賢奉聖旨立石　教練使臣孫延太臣耿著摸刊

山左金石志云右碑正書上截詔書十五行下截後序及銜名二十九行碑無立石年月攷宋史徽宗本紀崇寧三年十一月甲戌幸太學遂幸辟廱賜國子司業吳絪等四品服學官推恩有差則此碑當系之崇寧三年十一月也宋史無賜詔明文得此可補其闕

元至元八年陵縣修署記石刻

德州修碑樓堂事記

至元五年朝命以天平軍爲十節度德其一也州之爲政者黃閣馬三侯也三侯同心政平訟理公事之外隨宜葺設謂顏公字碑天下寶愛風雨剝蘚漸致殘缺乃作樓爲庇不以木以陶甓者慮非常也謂邦君之重不可無居于是營度爲德堂爲夾室爲東西廨及廚庫之所糊以白壤甃以方甓不奢不儉者取中制也又以廊署戶口軍旅刑獄錢穀文簿咸在而芧茨披靡或有燈火之誤將如何乃復與長吏屬吏等以月俸具榱棟瓦甓左右連甍者各有五焉其戶牖欄檻丹漆雕鏤一切飾麗事者爲之一新夫臨民者不侵漁則善矣至于自菲薄以所有而

代官用成邦人之巨觀求之古今葢不多見也後之君子善於其職庶乎有繼於是焉至元八年三月下旬州學教授沈存中譔

按此碑正書文十五行題名七行在縣署大堂壁上

元至元八年按察使陳慶甫詩石刻

北疃南莊幾老翁力田還與子孫同倉箱歲計西成後水土君恩北㙎中磁甃瓦盆轟夜飲村簫社鼓賀年豐醉歸不記匡牀臥月上頹垣草屋東

飄蕭雙鬢似飛蓬朴野中存太古風雨宿雲耕爲出處麥秋蠶月見窮通雍熙自入唐虞化隱約能談禹稷功馬首不知緣底事洗柸來壽使君公

至元七載冬十一月二日節齋陳祜案部過此乃書老農二詩於平原之廨舍

嘉議大夫山東東西道提刑按察使陳公慶甫家世古趙爲河南道總管既久又以洛邑爲家焉性洗毅果斷不惑政事之名浮于文學好作古文字至于詩皆攟拾所見之實其蕩心溺志浮淫無據之語不作也探其源委皆從體國憂民處所發出故其動于中形于言者非黼黻王猷則簫勺人情者也公行案因書此詩于公館州牧黃侯彥文同知德州事金臺閻侯巨川德州判官古兗馬侯頤之暨長史渤海馬君國寶聚而言曰公之忠愛乃見于詩詩之質厚有章其化而楮墨不可以恒久於是召匠刋石庶承其傳嗚呼人之所以附青雲之士豈無所用其

心哉至元八年三月上旬州學教授長平宋景祁跋

按此刻正書詩十行跋十行陳慶甫名祐趙州寗晉人能詩文有節齋集事詳宦蹟

明成化十五年重修儒學記碑 記見藝文

邠州知州邑人高慶撰文教諭三山王陛篆額訓導古剡王輔書丹

明正德五年重修城隍廟記碑 記見藝文

按此碑正書文二十二行前後題名年月五行在縣學內

教諭番禺五羊何亦尹撰文訓導江右永寗周廷熙篆額訓導鳳陽懷遠楊賓書丹

按此碑正書文十五行前後題名年月四行在廟內

明嘉靖二年聖賢道統贊石刻 贊見歷城

巡撫都御史廬陵陳鳳梧撰

明嘉靖十年謁顏魯公祠詩刻

秋晚謁顏魯公祠　覃懷王暘

陵縣城邊魯郡祠勤王曾此建旌旗氣吞朔漠乾坤轉功在山河草木知藍面奸臣欺魏闕白頭元老賊湘纍瞻依不盡英雄淚灑向西風落木時

嘉靖十年辛卯夏四月朔旦勒石

按此刻正書詩十三行年月題名七行刻在顏魯公奉使帖上與畫象爲一石蓋明人重刻畫象時所題也

明嘉靖二十八年三泉書院記碑

知縣石巖修建龔獻科撰文

按石巖字仲容號創山灌陽人事詳宦蹟

明嘉靖三十二年邑令孫公去思碑

須瀾撰文

按孫公名昺榆林人事詳宦蹟

明嘉靖三十五年重修廟學記碑 記見藝文

濟南谷蘭宗撰文

按此碑正書文十二行題名年月三行在縣學內

明萬歷三年重修東方先生廟記碑 記見藝文

都察院左都御史德平葛守禮撰文中書舍人葛隶生篆額

按此碑正書文十三行題名年月五行在神頭鎮祠內

明萬歷三年重刻東方先生畫贊碑

陵縣神頭鎮鄉耆康福慶重立石工薛文煥鐫

按此刻王書贊十二行題名年月二行碑陰九行蓋後人以唐碑在縣署內復刻此於神頭鎮東方先生廟中則陵人之愛惜此文可謂至矣

國朝康熙十一年重修文廟記碑

知縣史颺廷撰文

康熙十一年重修奎樓記碑

知縣史颺廷撰文

康熙十三年重修城隍廟記碑

知縣前湖廣鄖安兩府推官平陵史颺廷撰文庚戌進士古瀨

王曰會書丹

按此碑正書文十三行前後題名年月七行在廟內

乾隆四十四年重修學宮記碑 記見藝文

知縣常熟趙玉槐者庭撰文命子貴翀書丹

按此碑正書文十四行前後題名四行在縣學內

乾隆四十五年重修廟學記碑 記見藝文

前山東布政使按察使內閣中書 寻告終養吳江陸燿朗夫氏撰慈谿阮象鯉書丹濟南張洪基鐫

按此碑正書四層每層二十行前後題名年月八行在縣學內

乾隆四十八年三泉書院講學堂題額記碑 記見藝文

德州李有基撰鴛湖陳秉第書

按此碑正書四層每層十六行題名四行在書院內

乾隆四十九年續捐書院膏火題名記碑 記見藝文

訓導金鄉王夢兆撰并書

按此碑正書文十六行題名二行在書院內

德州

北魏正光四年營州刺史高貞碑銘

魏故驪驤將軍營州刺史高使君懿侯碑銘

君諱貞字羽真勃海修人也其先葢帝炎氏之苗裔昔在黃唐是爲四嶽爰逮伯夷受命於虞舜曰典朕三禮汝作秩宗暨呂尙佐周克殷有大功於天下位爲太師俾侯齊國世世勿絕表乎東海其公族有高子者卽其氏焉自茲以降冠冕繼及世濟其德不霣其名祖左光祿大夫勃海敬公纏嘏所鍾式誕文昭皇太后是爲世宗武皇帝之外祖考安東將軍青州刺史莊公有行有祀克荷克構卽文昭皇太后之第二兄也君稟岐嶷之姿挺珪璋之質清暈發於載弄秀格秉於齠齒黃中通理之名

卓爾不羣之目固已殊異公族見稱於匠者至於孝以事親則白華不能比其潔友于兄弟則常棣無以方其盛敬讓著自閨閫信義行於鄉黨若夫秉心塞淵砥礪名教伏膺文武不肅而成則繼軌於前修同類於先達者矣雖綺襦紈袴英華於王許龍馬流車陸離於陰鄧而不以富貴驕人必以謙虛業已是故夷門識慕蹇步知歸我德如風物應如響弱冠以外戚令望除秘書郎傣麟閣而來儀瞻石渠而式跂於是從容校文之職飄飛鵷鷺之閒容止此而可觀清風茲焉已穆既而重離載朗東朝始建杞梓備陳瑤金必剖僉求其可常曰爾諧遷太子洗馬夙夜惟寅媚茲儲后仰敷四德之美式揚三善之功同禁驂坊亡有出其右也于時六宮肇立百姓未繁延蔓大邦罔喩華媛

以君姊有柔表淑問拜爲皇后君咸會垂舍恩許寵日益禮日
損由是有少君近謙之風無于淵驕奢之原故赫赫之望具瞻
允集楨幹之期匪朝伊暮而不幸短命春秋二十有六以延昌
三年歲次甲午四月己卯朔廿六日乙巳遘疾卒於京師二宮
悲慟九族悼傷同位駿奔遐邇必至天子迺詔有司曰故太子
洗馬高貞器業始茂方加榮級而秀穎未實奄彫夏彩令宅兆
有期宜蒙追陟可特贈龍驤將軍營州刺史以旌感儁其墓次
所須悉仰本州營辦臨葬又特給東園龍輴加謚曰懿凡我僚
舊爰及邦人咸以君生而玉質至美也幼若老成至慧也孝友
因心至行也富貴不驕至謙也君以此終亦以此始烏可廢而
不錄使來茲無聞焉乃相與採石名山樹碑墓道其銘曰

厥緒皇祖其先勤王堯咨四嶽周佐呂望惟高振美世受龍光
自茲作氏不霣其芳於鑠光祿饗茲戩穀赫矣安東純嘏斯屬
或女或妹匪娥伊僕陟彼昭陽光我邦族山川降祉餘慶不已
敬公之孫莊公之子如琇如瑩爲山伊始人知其進莫見其止
古人有言膏粱難正於乎我君終和且令牧已謙謙與物無競
孝友因心能久能敬爰始來儀濯纓鱗沼翩羽儲局其榮皎皎
方摶九霄載飛載矯天道如何是壽是夭生榮死哀禮有加數
曷用寵終英英旌輅其人雖往其風可慕元石一刊清徽永鑄
大代正光四年歲次癸卯月應黃鐘六日 下缺

碑陰

碑浮衡水兮移之學官蓁崩阤兮其人傳惟貴戚之侚德兮曷

藉勛名之憫然我我邑得於茲今獨好古以窮年愧覥首之羊
公今庶後人之守禮乎碑前
嘉慶丙寅歲王孝廉保訓告我德州衛河第三屯出魏高貞碑
與知州原巡志岸文使遊志水移置學宮
賜進士及第山東督糧道陽湖孫星衍撰書列記
按此刻正書二十一行碑陰後又有臨泰山石刻秦李斯小
篆二十字并跋茲不具錄

北魏神龜二年高植墓誌銘

魏故濟青相涼朔恒六州刺史缺
君諱植字子建渤海蓨人缺茂烈皆備之國籍家傳不復更錄
缺君秉靈原之慧缺求至道於甸衿始此缺宣武皇帝缺絕白
駒之旌缺約我以禮缺奸詐之輩缺神龜二年缺稟稍彼著者
天喪此明公負孚哲人惟義是依每見我君終始許師缺

大魏神龜二年下缺
長河志籍考云按景州城東十八里有村名六屯本蓨地割屬
德州河岸雨圻得一石土人取之置野寺中字跡殘闕什不存
一蓋北魏高植之墓石也考魏書外戚傳高肇之子植自中書
侍郎爲濟州刺史率州軍討破元愉別將有功當蒙封賞不受
歷青相朔恒四州刺史清能著稱
山左金石志云石碑文二十一行多漫漶僅辨百數十字此碑
存者字體精整鋒穎猶新爲顏魯公所祖洵可珍也

東魏元象二年贈齊州刺史高湛墓誌銘

魏故假節督齊州諸軍事輔國將軍齊州刺史高公墓誌銘并

君諱湛字子澄渤海滌人也靈根遠秀啟慶兆於渭川芳德遐流宣大風於東海作範百王垂聲萬古者矣故淸公勢重鄭伯捐師元卿位尊管仲辭禮皆所以讓哲推賢遠明風軌祖冀州刺史勃海公文昭武烈望標中夏惠洽朝野愛結周行考侍中尚書令司徒公英風秀逸儁氣雲馳虬顧帝鄉威流宇縣君稟慶緒於緜基挹餘瀾於海澳幼衔端嶷長好文雅非道弗親惟德是與逍遥儒素之閒募中穆之遺風徘徊方史之際追枚馬之逸藻至於憑春灑翰席月抽琴適背哲以孤遊超時流而獨遠熙平啟運起家爲司空參軍事轉揚烈將軍羽林監天平之始襄城即命君文武兩兼忠義齊發還城斬將鑾左同歸朝廷嘉其能紆紳服其義假驍驤將軍行襄城郡事君著績旣崇賞勞未允尋除使持節都督南荊州諸軍事鎭軍將軍南荊州刺史於時僞賊陳慶率旅攻圍孤城獨守載離寒暑終能克保邊隍全帖民境復除大都督行廣州事享年不永春秋四十三元象元年正月廿四日終于家皇上動哀能言灑淚迺有詔曰故持節都督南荊州諸軍事假鎭軍將軍揚烈將軍員外羽林監行南荊州諸軍事南荊州刺史當州大都督高子澄識用閑敏氣幹英發擁攝藩翰誠効克宣臨難殉軀奄從非命言念遺績有悼于懷宜申追寵式光往烈可贈假節督齊州諸軍事輔國將軍齊州刺史粤元象二年十月十七日遷葬於故鄉司徒公之塋千秋易往萬古難留故鐫石泉門以彰永久其詞曰

丹虬降祉姜水載清大人應期命世挺生垂竿起磻龍釣流聲
經綸宇宙莫之與京允司下蕃公衛上宰既顯營邱復標東海
四履流芳五城降祿繁柯茂葉傳華無改伊宗作輔忠義是依
淸盪昏霧横掃塵飛日月再朗六合更暉玉帛斯集福祿攸歸
仁壽無遠積善空施風酸夏草霜結春池崑山墜玉桂樹摧枝
悲哉永慕痛矣長離

金石文跋尾云乾隆巳巳德州衛第三屯運河決東岸得此石編修宋蒙泉弼遣人搨本見貽惜高君之名不見於魏史或云當是高肇之子肇爲尚書令司徒肇父颺贈渤海公與碑官位頗合地形志有荆州北荆州無南荆州通鑑東魏有東荆州西荆州盖其時僑置州名甚多史家不能詳也

山左金石志云右碑正書文二十五行在德州封氏湛字子澄孝靜詔字而不名尊之之意亦制詔異例也碑字秀勁爲唐時虞褚諸家所本其中通用互用皆六朝人好異故變其體耳

桂未谷跋云勃海滌人滌卽修字周禮注云修讀如滌是也漢地理志信都國修縣顏注修音條後漢修縣屬勃海晉勃海郡有修縣元和郡縣志云本漢條縣晉改爲修然功臣表已作修字惟亞夫傳作條耳誌中驪字從馬余在洛陽得銅印文曰驪驤將軍章字亦從馬案魏書世祖紀始光二年初造新字千餘須下遠近永爲楷式驪卽新造之一也

唐德州安德縣丞李兼金夫人梁氏墓誌銘

翰林學士陸渾梁肅敬之撰文

元至元三十一年陵州興修學廟記碑 記見藝文

元天歷二年重修昭惠靈顯眞君廟記碑

教授臺德璋撰文

奉訓大夫應奉翰林文字同知制誥兼國史院編修官孟泌撰

文河間路陵州儒學正盧懋書丹并篆額

泰定丁卯秋七月博野林公善卿繇民曹幕出知陵州事下車
越三日遍謁祠廟祝頌禱祈以興嗣歲遵故事也至昭惠靈顯
眞君廟室覩其丹青殘缺基址傾側棟摧瓦裂上雨旁風無所
蓋蔽歎曰人之事神本以為民也神之歆祀以其能禦災捍患
有功于民故也神昔守嘉州老蛟為患河水泛溢漂沒民居迺
不畏戎毒持白刃入水府斬蛟首以出其禦災捍患有功于民

也為何如故歷唐迄宋累加封號載在祀典而未嘗闕也今其
祠宇若是神之居且未寍其何以享祀事神之禮未備又何以
為民求福也國家明德恤祀無文咸秩況其當祀者乎慨然有
改作之意州之人士相率而告曰我公事神之意甚謹恤民之
意甚急吾輩豈能恝然忘慮乎於是工師獻技匠人効能赴功
趨事不日告成廟三楹堂敞陛峻榱題簷牙翬飛鳥革垣墉堅
茨光彩煥爛神像巍然起畏起敬非復前日蕪陋可宴也又於
其傍起龍神昆蟲之祠以備歲時蜡祭祈年順成亦公之意而
民奉承之也於戲公以一念之誠不大聲以色斯民應之如響
彼有威脅勢迫繼之以刑而人猶不從者亦獨何哉顧所存之
有間爾先是數歲蝗旱相仍饑饉薦臻民祠禱無所自是厥後

有祈必應雨暘時若來牟熟而受厥明豐年穰穰期享多福則人之所以事神神之所以澤物咸顯紀寫昭垂厥美俾來徵詞予職在史館記言載事不敢以骫骳辭結著其大較若夫興學勵農均賦役恤煢獨獄無滯囚庭無留務皆公之善政善教州人將別刻諸石茲不暇及云

天歷二年孟冬末旬日記

按此碑正書二十七行在二郎廟內

元至正九年陵州重修儒學記碑 記見藝文

禮部尚書茌平梁宜撰文

明永樂十一年蘇祿東王墓碑

成祖御製

明景泰五年重修學廟記碑 記見藝文

戶部員外顧孟喬撰文

明景泰七年重修永慶寺記碑

禮部尚書州人張惠撰文儒學生張棨書丹修職郎耿昱篆額

按此碑正書二十一行在寺內

明宏治八年董子祠記碑

州人程敏政撰文

明正德七年戶部管倉分司題名記碑

戶部主事丁致祥撰文

明正德九年重修臺頭寺記碑

寶坻牛曾撰文

明嘉靖四年化龍池記碑

　郭日休撰文

明嘉靖十一年衞學附州廩貢增額記碑記見藝文

翰林院檢討州人盧宗哲撰文行人司行人州人王楠書丹

　按此刻正書十七行在州學內

明嘉靖二十六年儒學軍生歲貢題名記碑

戸部主事新城芹溪崔浚撰文戸部主事古徐朱乾亨書丹山

東左參政貴溪徐樾篆額

　按此刻正書文二十九行題名四層在州學內

明嘉靖三十五年桑園鎮重修關帝廟記碑

州人王權撰文

明嘉靖三十四年重修天妃廟記碑

州人王權撰文

明隆慶四年新建北極廟記碑

都察院右僉都御史州人馬九德撰文陝西布政司右參議州

人劉佐書丹戸部郎中州人丁永成篆額

　按此刻正書二十三行在廟內

明萬曆八年重修東嶽廟記碑

江西布政使州人程珤撰文戸部員外州人翟澄書丹工部郎

中州人吳思敬篆額

　按此碑正書二十一行在廟內

明萬曆二十四年學宮建文昌閣記碑

臨邑邢侗撰文

明崇禎五年景顏斗室記石刻

州人程紹撰文

國朝康熙十七年義學記碑

知縣佟淮年創建提督學政桑開運撰文

康熙十八年新建浮梁記碑

分守濟東道常名揚撰文

康熙二十四年雁塔題名記碑

吏部左侍郎州人田雯撰文

雍正二年重修學宮記碑

州人孫勷撰文

乾隆四年重修學宮記碑

州人孫勷撰文

乾隆八年重修關帝廟記碑

知州永寍劉元錫修並撰記

乾隆十一年重修節孝祠記碑

州人宋弼撰文

乾隆十二年重修城記碑 記見藝文

國子監學正州人田同之撰文太學生田逢泰書丹

乾隆二十一年繁露書院記碑

督糧道汪漢倬建并撰文

乾隆三十四年重修長生閣記碑 記見藝文

州人古愚李世垣撰文程萱書丹

嘉慶二十二年蕭子讀書臺碑

吏部尚書州人盧蔭溥書德州衛三韓朱廷蘭立

道光十二年雁塔續題名記碑記見藝文

督糧道華亭張祥河撰文

道光十五年重修金龍四大王廟記碑記見藝文

督糧道張祥河撰文

道光十五年元將軍顯佑記碑記見藝文

督糧道張祥河撰文

南朝宋元嘉二年夏河禁堤記碑 文見藝文

明僧紹撰文

唐永徽三年濟州刺史趙公墓誌銘

君姓趙氏名龍字廷貴平昌人平原君勝之裔也祖恢齊重平縣令父遵周安陵縣尉君稟靈秀出神機早悟檢迹飭躬非禮勿居迨隋運告終君操履堅貞窮斯不濫未嘗足蹈僞庭卒乃擇君而事仕唐至恆濟二州刺史永徽三年年百有六歲而卒葬平昌西原銘曰

邈哉茂緒帝軒之允開國維周承家肇晉珠岸圓流璇源方折盛德必祀代有名哲昂昂夫子澄神毓德行捨其華言歸其默促晷何短厚夜何長佳城雖掩徽烈彌彰

宋元符二年朝奉郎劉公墓誌銘

德平監鎭黃庭堅撰文

君諱禹德州德平人字希儉年二十舉明法及第補欒城尉名能捕盜奏徙藁城尉藁城盜爲不發調德榮主簿兼縣事鹽井廢而征不除君爲歲蠲四十萬罷官民追送之又爲永州軍事推官權邵州武岡縣武岡溪洞蠻蜂出燒民積聚郡治兵令民入保君從數騎入其巢穴曉以禍福其酋請殺首事者二人溪洞以平以憂去服除授資州錄事參軍兼司法事始至將佐皆易之見其決獄乃大驚郡有難辦事輒倚君改大理寺丞知海北縣俗喜屠牛私酤君陰籍其姓名區處具疏壁間民相告曰

是不可犯遷太子中舍知樂壽縣事遷殿中丞改奉議郎樂[illegible]南皮縣金隄兩問使者度繕堤以障水利南皮而害樂壽南皮令以私書誘樂壽仕家子得其願狀告部使者使者下書問抑民狀君會民金隄乃得南皮私書而焚之曰南皮令亦欲自便其民顧不善謀耳當報以德以願者寡不願者衆報使者通判汾州遷承議郎恩加朝奉郎察舉吏曹不歧而趣辦汾水被隄稱嚙永利西監君督護作暑雨中工休乃去以故得疾以元祐八年七月丙辰卒得年五十有九喪過汾市多隕涕者君喜讀書善射在官居家長者愛之德平王英狀君行事如此英言行有物宜可信故紀焉君曾大父思齊大父誠父芝皆力田而芝以君贈奉議郎娶張氏繼室趙氏安德縣君男曰槃宷槃栗女

嫁苗渠張鴻郭彥佐張繹張傾有季居室以元符二年六月丁酉葬于本縣擊壤鄉之西原宷壘衰來乞銘三反而不懈乃予銘銘曰

吏優於檢姦或順或殘勤民惠卹吏或無其筆嗚呼君潔可以馭吏惠可以扶弱孰能不克修怨以德勤事忘食瘁不偷怠其施不遐力耕者不穡尚其子之食

元元貞元年重修廟學記碑 記見藝文

儒林郎秘書少監楊桓記并題額書丹

按此碑八分書文十七行題名二行碑陰題名二層上層官政廉訪司官德州官本縣官吏二十七行下層坊郭士夫六鄉社長等四十一行在縣學內

平儒學教諭[illegible][illegible]朱表書丹

明嘉靖二十五年建真武廟記碑

都察院右都御史葛守禮撰文

明隆慶六年邑令袁侯德政碑

御史于鯨撰文

按袁侯名宏德字執甫曲周人事詳宦蹟

明萬曆十一年重修儒學記碑

知縣安肅鄭材撰文翰林院庶吉士邑人葛曦書丹河南河內

知縣邑人王麟趾篆額

夫學宮爲聖靈表文物賢士教化關焉假令湫隘囂塵不可以居瞻望之謂何不可以育才俊矣余不佞承乏德平於茲治未

嘗不有意乎其興之也顧廟貌既壯人才極盛誰圖其始難觀其成邑士大夫爲余言曰往者學宮陋甚不足以蔽風雨科第論三十年不舉唯時戊辰彭侯來拊是邑嘎唶殘廢毅然慮事不憚修繕以有今日職此之由哉於是相與觀學創聖殿昔三間今增爲五間兩廡各七間增爲各十五間森如也名宦祠昔戟門左鄉賢祠附戟門右苟簡特甚且南向非禮矣因創啟聖祠各三間列戟門左右一如弟子位翼如也戟門增兩門以闢賢路舊星門迫數武以藏風氣廓如也整如也樹之濟屏聳之泮池舊如也淵如也虛明爽塏飛甍鱗次巋然巍然禮樂維新英賢崛起如持左劵交手相符則彭侯大有造於吾邑矣又三年辛未袁侯至以下地未善乃於城之南隅建聚奎樓學之東

西豎興賢育才坊又一年壬申程侯公至以學無主山復建一樓於城之北隅與南樓相對而高聳壯麗特甚又三年乙亥何侯至復於南門高其城樓曰文明而規制滋以備矣余不佞聞之踧踖曰不佞繼四公後猶之平陽代酇侯者耳法令具存較若畫一奉以周旋無敢失墜而已邑士大夫曰聚奎樓歲久漸頹宜重修學宮修且久未有記北樓建且久未有名余不佞於職無所辭於是修聚奎樓新其棟宇拓其規制磨石立碑取諸君子之成言而鐫之北樓不佞竊取之曰光嶽盤方學宮未修靈秀之氣無所憑依則科第詘焉自學宮諸樓相輝映乃始甲第連雲地靈人傑氣類蒸應豈偶然之故哉彭公時中壬子舉人直隸石埭人袁公宏德戊辰進士直隸曲周人程公沂戊辰進士湖廣咸寧人何公倬甲戌進士河南杞縣人之四公皆海內聞人余不佞以諸君子之命爲記實徵附青雲之士云

萬歷十一年歲次癸未季冬吉旦立

按此碑正書十九行在學內彭公袁公何公事詳宦蹟

明萬歷二十三年葛公祠堂記碑

兵部尚書安肅鄭洛撰文吳郡長洲吳應祈書并鐫尚寶司卿嗣孫國子監生皓等立石

明萬歷二十四年重修眞武廟記碑

邑進士季東魯撰文

明萬歷四十九年邑令金侯生祠碑

邑進士葛如麟撰文

按金侯名陞浙之德清人事詳官蹟

國朝康熙六年建同安樓記碑

知縣秦興季靜撰文

康熙十五年改建社學記碑

知縣沈志達撰文

康熙十六年申免緯夫記碑

吏部侍郎海豐王清撰文

康熙十六年重修關帝岱嶽兩廟記碑

邑進士劉允德撰文

康熙十七年建義冢記碑

進賢知縣邑人葛元祉撰文

雍正元年重修廟學記碑

邑舉人朱世官撰文庠生郭雲駒篆額邑庠生李三謀書丹

雍正二年指南二大字石刻

指南 正書二大字字徑一尺八寸

署德平縣事商河知縣吳曙重刊

雍正三年忠義孝悌祠記碑

知縣袁舜裔勒石教諭董得志書丹

乾隆二十七年重修廟學記碑

知縣江州文治光撰文國學生藺芝篆額生員郭月捷書丹

乾隆三十五年捐增書院宅地記碑

知縣長興鍾大受撰文

乾隆三十九年鄉賢葛端肅公專祠祀典記碑

余初讀明史見嘉隆間有尚書葛公者正色立朝得古大臣風度亦既心嚮往之癸巳夏余令德平始知公爲鄉先賢當時以端肅易名克顯其德後昆濟濟聚族于鄉而公之祠獨在邑中考其家集係前朝撫按兩臣允邑士人之請而建且歲撥本邑鄉賢祠項下公帑以備春秋二祭邑宰率所屬行事蓋有報功崇德之意焉我

朝定鼎以來尚仍明制蓋公之氣節文章上爲邦家之光下爲閭里之榮雖歷世久遠而猶食報于無窮宜也偶閱邑志有祠之祀典已奉裁汰之說夫公之爲鄉先賢莫得而議之也則公之祀典又孰爲而汰之也哉竊以爲公之子孫當以敬祖爲念公之鄉人當以懷賢爲心而莅斯土者卽藉是以爲風勵則祀典之應沿于弗替也審矣故爲之記俾勒石以垂不朽云

乾隆三十九年歲次甲午知德平縣事武進許承蒼撰知德平縣事桐鄉陸震書德平教諭武城李謨篆

碑陰

葛端肅公專祠祀典碑題辭

乾隆壬申

詔訪遺書震捧檄山左委校書局得葛端肅公文集讀其書想見其人爰稽史傳公當高張相軋之際正己特立人以爲難于文定公云嘉隆間大臣德望獨推葛公功名氣節一代仰之如泰山北斗夫山屹不移斗運不息精光靈氣充塞天地關一方秩祀

奚裨焉顧尊鄉賢崇專祀勵人心而振風俗亦有司之責也彼傳聞異辭妄爲裁汰之說者其將以轄雲蹶手筆自命歟癸巳夏莪溪許君尹是邑覽誌疑之因爲考核作專祠祀典記命公之裔孫勒石以垂永遠甲午春莪溪量移去震適承之乏士謁公祠瞻嚴嚴氣象覩讀公集時神加悚焉益歎精光靈氣感於人心者至深且遠而莪溪表而彰之亦足與汝泉趙公次山王公並傳不朽云德平使者桐鄉陸震撰

先公殁後撫院趙汝泉公按院王次山公據輿情咨奏准建鄉賢專祠歲撥本邑祭鄉賢祠項下銀一兩八錢餘分備春秋兩祭邑父母主之自萬歷八年二月始迄今如制歲癸巳邑侯許莪溪公作記正訛砞批附卷並更正新志所以表彰之者至矣兹當立石故歷述巔末勒諸碑陰俾共見云乾隆甲午仲夏七世孫周玉敬識

宋祥符八年晉王子敬書洛神賦石刻

子敬好寫洛神賦人間合有數本此其一焉寶歷元年正月二十四日起居郎柳公權記

天祐元年五月六日堂姪孫中書侍郎同中書門下平章事判戶部柴續題王子敬洛神賦帖後

獻之洛神賦跡遺頭尾外得一十三行都二百五十字重加營背祥符八年六月十日周越記

宋搨洛神賦十三行此即元晏齋本也乾隆癸丑翁方綱識

按此刻正書十三行跋九行在平原張氏宅

金大定二十四年淳熙寺重建千佛大殿記碑

德州平原縣淳熙寺重建千佛大殿記

鬲津進士王鼎撰宦門仇定篆額起復登仕郎試德州平原縣令武騎尉借緋魚袋田時亨等立

山左金石志云縣志載淳熙寺在城西郭從前廢置不一金大定二十四年僧志深重建大殿碑在殿左即謂此碑也

按此碑正書二十行前後題名年月七行在寺內

元元貞元年重修廟學記碑 記見藝文

翰林學士太中大夫知制誥同修國史李謙撰前翰林修撰奉議大夫德州知州傅夢弼書丹奉訓大夫國子司業楊桓篆額平原教諭李思誠勒石李庭祐刊

按此碑正書二十行題名五行在縣學內

元大德五年重修廟學碑陰記 記見藝文

大德五年五月七日教諭李思誠記并書

按此刻正書上層記文十四行題名五行下層豪貴名氏英彥名氏司屬五鄉里正站提領等題名二十九行在碑陰

元大德九年縣尹紇石烈君新政記碑

翰林學士濟南總管東平王構撰文

元後至元三年重修宣聖廟記碑 記見藝文

儒林郎前太禧宗禋院民甸副使王士元撰并書

按此碑正書文二十一行前後題名年月三行在縣學內

元至正二年重修廟學記碑

國子司業恩州司廙撰文

元至正十三年重修城池記碑

邑人謝文禧撰文教諭馬天驥書并篆額

元至正十三年便移站赤去思記碑

德州知州李忽都不花譔并書中書兵部尚書郭好仁字世安篆棣州商河縣見寓齊河縣倫鎮廟學師儒王據德贊襄德州司吏趙惟善總提調監造

嘗聞治天下以任賢爲本立政事以便民爲先蓋任賢則明國家之治體識政事之根源便民則撫黎庶之樂安措事物之和平先儒有言用賢則萬事舉臨政則衆理明者此之謂也至正癸未春奉直大夫兵部員外郎拜公明善奉中書省選整治天下站赤以公素抱經濟之才而慨然獨以報國憂民務僉視站

民朝錢夕迓供役煩勞孩文省部二次撥領官錢至正元寶交鈔伍萬五千緡接濟諸處站赤而公雖當擾攘之中而有高周之策往迴供需繁冗萬端而官無纖失民無秋毫之犯不勞而辦矣原夫我朝混一區宇輿圖之廣兆民之衆亭務之繁以待朝貢計吏通報邊境軍情或出使以傳王命或入貢以奉朝廷況兼本站正當衝要北拱京師燕趙等處公務繁劇南通行省行臺閩廣海南諸道邊運錢帛飛報軍情繁急尤甚是以參酌古今之宜立便益常行之道相度平原西北自陵州至平原驛九十里西南至高唐亦九十里途有宛轉之勞使有崎嶇之歎自陵州直抵高唐通止一百一十五里二站中間減近六十五里陵州高唐中路元有舊站基址地名太平站屬恩州部轄之

地里均平於此復立站驛仍歸舊址實爲公當暨山東斜站西城改立齊河縣倫鎮亦減省四十餘里兩處站路以遠就近以屈從直使免宛轉之勞馬減奔馳之苦人馬省力公事易辦站路埴直官民便益又於碑銘上照得本站元在太平店改立平原縣大德癸卯前又四十餘年迄今逼歷百有餘年矣其間公文申辦者舊趙璧等赴省部陳訴久不獲結憶夫人之常情循於故事憚於改作而公超然出於衆人之表不憚物勞雖事之至難而處之甚易乃建言移符呈省就領官錢二千五百緡卒領兩州僚屬親詣公同踏視置買館舍圍廐庖庫收拾督責工匠人夫不旬日而已落成矣而公政出於心物出於官並害民無毫忽之擾彼此無纖須之損使官民通受其賜矣公之政蹟

豈止於是而已哉公自壬午科賜進士及第歷仕以來治績昭
然郡邑儀屬僉舒誠懇表公之德特勒諸石以慰官民之思去
而不忘也仍復繫之以銘曰
治世以道亘古相傳樹功立業惟在任賢拜公明善事業昭然
清名居右政績居先站赤移此百有餘年仍歸舊跡實堪矜式
以屆從直官民便益報德頌功故勒諸石
至正十三年歲次癸巳夏四月上旬吉日立
按此刻正書文十二行前後題名年月共十一行縣志載此
篇刪去銘辭兹依拓本錄之

明宏治十一年重修淳熙寺記碑
武選郎中濟南鄒襲撰文

明宏治十三年重修興旺寺記碑
教諭河間張澄撰文

明宏治十七年重建北極廟記碑
邑舉人李璘撰文生員戴仲德篆額生員鄭蘭書丹
按此碑正書文十一行前後題名年月六行在廟內

明宏治十八年重修城隍廟記碑
知縣新淦朱良撰文山西靜樂知縣邑人齊高篆額署教諭傅
羅甘秉倫書丹
按此碑正書文十行前後題名年月五行碑陰題名三層三
十七行在廟內

明宏治十八年重修縣治記碑

知縣新淦朱袞撰文

明正德八年重修城池記碑

邑人姚文淵撰文

明正德十年重修城隍廟記碑

訓導金臺曹嘉清撰文邑人齊高篆額縣丞光山王通書丹

按此刻正書文二十行題名年月四行碑陰知縣以下題名三十二行在廟內

明嘉靖十八年重修三義廟記碑

山東右參議鍾陵張臬撰文

明萬歷四年學田記碑

邑人宋仕撰文

明萬歷十一年新甃甎城記碑

邑人張惠撰文

明萬歷十八年重刻宋文丞相過平原詩詩見藝文

東萊任翀書山海劉思誠刊

按此刻行書詩八行跋三行在顏魯公祠內

明萬歷十八年重修顏魯公祠堂記碑記見藝文

殿中侍御史臨邑邢侗撰并篆書

按此碑正書文十三行題名年月四行在祠內

明萬歷二十三年重修碧霞行宮記碑

南京大理寺卿邑人宋仕撰文監察御史霍從教篆額陽尚知縣高知止書丹

按此刻正書文十行題名年月四行在廟内

明萬歷三十七年重修縣城記碑 記見藝文

邑人宋仕撰文太學生趙時知書丹

按此刻正書文十四行題名年月三行

明天啟六年縣庠徐夫子祠堂記碑

知縣貴陽李嘉瑞撰文署教諭昆明楊師震篆額訓導滋陽劉潤書丹

按此刻正書文十行前後題名年月十三行徐夫子名汝正

明崇禎二年重修廟學記碑

宣城人任教諭事詳宦蹟

邑人趙見圖撰文

國朝康熙九年重修三義閣建醮記碑

邑人朱泗濱撰文

康熙二十一年重修城隍廟記碑

知縣高陽李璿撰文

康熙二十五年重修城隍廟寢殿記碑

知縣李璿撰文

按此碑正書文十行題名年月十行在廟内

康熙二十六年重建四城門樓併修城垣記碑 記見藝文

兵部尚書總督江南江西等處前翰林侍讀學士董訥撰文拔貢上谷李名世書丹特聘秣陵山人劉如玉非石鐫筆

按此碑正書文二十行題名年月八行在城垣上

康熙五十二年重修三元宮記碑

邑人姚一經撰文

雍正十年重修奎樓記碑

邑人張拭撰文

乾隆元年重修城隍廟記碑

知縣湯溪張祖阜撰文

乾隆十三年重修文廟記碑

翰林院編修山陽周龍官撰文

乾隆十三年新建劉猛將軍廟記碑

知縣溧陽黃懷祖撰文

按此碑正書文三十五行前後題名年月二行在廟內

乾隆二十年平原守城十八家免役記碑

知縣太華張懷清撰文邑增生張世滋篆額邑廩生董承基書丹

按此碑正書文六行題名年月九行守城有功姓氏題名二十八行備載碑陰

乾隆二十九年重修文廟記碑

候補同知知平原縣事胡錦記

孔子六十九代孫內閣中書舍人孔繼涑書江宧萬傳鐫

按此碑正書文二十行前後題名年月二行在廟內觀此刻爲孔谷園先生所書法兼顏柳體極工整臨池家可奉爲楷模也

《濟南金石志》影印說明

「金石志」是記錄特定區域金石的文字，包括刻於鐘鼎、戈戟、量度、雜器、泉刀、璽印、鏡鑒、碑碣瓦甎等器物上的文字，以供人們鑒賞、研究的專門性志書。清道光年間纂修《濟南府志》時，原擬將馮雲鵷搜集纂成的「金石志」四卷納入府志中，但因其篇帙較繁，為了方便，便於道光二十年（一八四〇）單刻成書，定名為《濟南金石志》。

《濟南金石志》記錄了濟南府的金石碑刻，共分為歷代金，歷城石，章丘石、鄒平石、淄川石、長山石、新城石、齊河石、齊東石、濟陽石、禹城石、臨邑石、長清石、陵縣石、德州石、德平石、平原石等四卷，約十七萬字，將清道光年間濟南府屬歷城、章丘、長清、濟陽、鄒平、淄川、長山、新城、齊河、齊東、臨邑、陵縣、德平、平原、禹城、德州等十六州縣所存歷代鐘鼎碑碣做了較詳盡的記載。由於該志是有史以來首部系統總結濟南地區金石文字的專志，因此有着極其重要的參考價值。它不僅可用來考訂文字的源流變化，更為重要的是可以訂正補充史書的錯漏。例如在濟南佛慧山下唐代名刹開元寺內的南壁上保留有「宋人題名五種」，其中最有名的是宋代著名學者李格非的題名石刻，可惜該石刻現今僅存十餘字，且已不易辨識。我們借助清道光年間成書的《濟南金石志》便可得以窺見其原文。已故濟南文史大家徐北文先生在關於李清照祖籍歷下的考證文章中，就使用了《濟南金石志》中李格非題名石刻的文字，來作為李氏在宋代居齊州歷城縣的佐證。再如濟南新「七十二泉」之一的白石泉，其泉畔早已失落的清代知名書法家桂馥於嘉慶二年（一七九七）秋撰文並書寫的白石泉碑的碑文，也完整地記載於該書之中。由此可見該書輯錄資料之珍貴。

濟南市圖書館和濟南出版社為了保存古籍的原貌，對《濟南金石志》採用仿真影印的再造方式重印再版。既能將這一古籍化身千百，永無失傳之虞，又可廣泛傳播，便於披覽研讀，從而達到「繼絕存真，傳本揚學」的目的，解決了古籍善本藏與用的矛盾。

濟南市圖書館　濟南出版社

二〇一六年三月

圖書在版編目（CIP）數據

濟南金石志 /（清）馮雲鵷撰；（清）王鎮修．
—濟南：濟南出版社，2016.3

ISBN 978-7-5488-2029-1

Ⅰ．①濟… Ⅱ．①馮… ②王… Ⅲ．①金石－研究
－濟南市－清代 Ⅳ．①K877.24

中國版本圖書館 CIP 數據核字（2016）第 048035 號

濟南金石志 〔清〕王鎮／修 〔清〕馮雲鵷／撰

責任編輯 戴梅海 林小溪
出版發行 濟南出版社
社址 濟南市二環南路一號 二五〇〇〇二
電話 〇五三一／八六一三一七二六
成品尺寸 一八五乘二八〇毫米
印刷 濟南黃氏印務有限公司
版次 二〇一六年三月第一版
印次 二〇一六年三月第一次印刷
書號 ISBN 978-7-5488-2029-1
定價 壹仟陸佰捌拾元（全四册）

ISBN 978-7-5488-2029-1
9 787548 820291 >

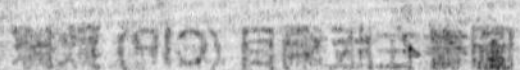